漢字マスター

マスター 改訂版

N3

Kanji for intermediate level

アークアカデミー 編著

字

KANJI

三修社

漢字マスター N3　目次

はじめに

「漢字マスターシリーズ」は、日本語を学ぶ方が、ひらがな、カタカナの習得を経て、日本語の3つ目の文字である漢字を楽しみながらしっかりと学ぶことを目指して作成されました。本シリーズを使って学習を進めると、N5〜N1の全シリーズ修了時には2010年11月30日告示の「常用漢字表」一覧に掲載された2136字に、その他に使用頻度が高いと思われる表外字14字を加えた2150字が習得できます。

本シリーズは、漢字とともに、多くの語彙や慣用句も一緒に習得できるように作られています。提示した語例や例文は、日常生活の中で身近に接することが多いものをとりあげましたので、漢字そのものの学習とともに生活の中でよく使われる言葉や表現を増やすことが可能です。また、非漢字圏の方にも学びやすいように、漢字には全てルビを振りました。プレッシャーを感じることなく漢字の能力を伸ばすことができるからです。

『漢字マスターN3』は、原則として、各章20文字、1ページに4文字を提示してあります。たとえば、1日1〜2ページ、1日1章のように計画を立てて学習すると、349字の漢字と日常生活に必要な語彙を習得できます。『漢字マスターN5、N4』に掲載した基礎漢字326字と合わせると、合計675字の習得が可能です。本書に掲載した漢字はN2レベルに進む前に必ずマスターすることを目指してください。

本シリーズは長きにわたる改訂を重ね、その結果、理想の教材に近づいたと自負しております。私たちを支えてくださった多くの皆様に心からお礼を申し上げます。皆様の漢字学習が成功することを執筆者一同、願っています。

アークアカデミー

Introduction

"Kanji Master Series" has been prepared for students who have mastered hiragana and katakana to learn and enjoy the process of learning kanji, the third group of characters in Japanese.

Students who complete this series from N5 to N1 will learn 2,150 characters including 2,136 characters listed in the "Joyo (Daily-use) Kanji List" released on November 30, 2010 as well as 14 characters considered frequently used but not listed in the Joyo (Daily-use) Kanji List.

This series is structured so that students can learn rich vocabulary and idioms as well as kanji. As sample words and sentences given in the textbook are selected from daily and familiar situations, students can acquire words and expressions commonly used in daily life as they learn the kanji characters themselves. For those who are from non-kanji regions, all the kanji in the textbook have ruby (small hiragana characters above the kanji) for easy learning. Because of that, students can grow their ability in kanji without feeling overwhelmed.

In principle, each chapter of "Kanji Master N3" contains 20 characters, with four characters per page. A study plan of one to two pages a day or one chapter a day, allows you to master 349 kanji characters along with vocabulary necessary for daily life. Combined with the 326 basic kanji characters from "Kanji Master N5 and N4" a total of 675 kanji are studied. Aim to master the kanji listed in this textbook before proceeding to the N2 Level.

We believe this series of textbooks is an ideal tool for learning after years of revisions. We sincerely appreciate those who have supported us. We wish you the very best for your success in kanji learning.

ARC Academy

最初

《主攻汉字丛书》是为那些初学日语者，学完平假名，片假名，进入学习日语的第 3 个文字汉字时，能愉快地学习汉字为目的而编制的。

如果用本丛书学习，学完 N5 到 N1 时，你将能掌握 2010 年 11 月 30 日告示的"常用汉字表"一栏所示的 2136 字和被认为使用频率较高的此表以外的 14 个汉字，共计 2150 个汉字。

本丛书，在学习汉字的同时，收录了许多词汇和惯用语，帮助您掌握。由于所提供的例句例文，大多都是在我们的日常生活中常见的实例，所以在学习汉字的同时，您可以增加许多在日常生活中常用的词汇与表达方式。还为非汉字圈的人们学习方便，所有汉字都注有读音。让您不必感到压力就能提高汉字能力。

《主攻汉字 N3》原则上各章 20 个汉字，1 页由 4 个汉字组成。例如制定 1 天学习 1 到 2 页，或者 1 天学习 1 章的学习计划，您可以学到 349 个汉字和日常生活中必需的词汇。加上《主攻汉字 N5、N4》中的 326 个基础汉字，可学习共 675 个汉字。本书所收录汉字是，在您 N2 升级之前必需掌握好为目标的。

本丛书经历了长期的多次修改，我们坚信这已经是一部近乎理想的教材。衷心感谢各位对我们的支持。我们执笔全体成员希望各位能够成功掌握汉字。

ARC Academy

LỜI NÓI ĐẦU

Bộ sách "Kanji Master" ra đời với mục đích giúp những ai đang theo học tiếng Nhật và đã hoàn thành xong hai bộ chữ cái Hiragana và Katakana, có thể tiếp tục theo học chữ Hán (chữ Kanji) - bộ chữ thứ 3 trong tiếng Nhật một cách thật chỉn chu nhưng không hề mang đến cảm giác căng thẳng, áp lực.

Nếu theo học hết bộ sách này, sau khi hoàn thành toàn bộ các tập từ N5 đến N1, bạn đọc hoàn toàn có thể có trong tay 2150 chữ Hán, bao gồm cả 2136 chữ có trong "Bảng chữ Hán thông dụng" được công bố ngày 30 tháng 11 năm 2010, và 14 chữ Hán khác có tần suất sử dụng cao nhưng lại chưa được đưa vào bảng này.

Với bộ sách này, bạn đọc sẽ được học đồng thời cả chữ Hán và rất nhiều từ vựng, quán ngữ liên quan. Người biên soạn sách đã chọn lọc và đưa ra những từ vựng và câu ví dụ gần gũi mà bạn đọc sẽ được tiếp xúc thường xuyên trong cuộc sống hàng ngày. Do đó, song song với quá trình học tập từng chữ Hán, bạn đọc hoàn toàn có thể nâng cao được vốn câu, vốn từ thông dụng cho bản thân. Ngoài ra, để giúp bạn đọc ở những quốc gia không sử dụng chữ Hán có thể học tập dễ dàng hơn, toàn bộ chữ Hán đều được phiên âm cách đọc. Nhờ đó, bạn đọc sẽ nâng cao được năng lực chữ Hán của mình mà không cảm thấy mệt mỏi, áp lực.

"Kanji Master N3" về cơ bản sẽ có 20 chữ mỗi chương, mỗi trang sẽ được trình bày 4 chữ. Nếu xây dựng kế hoạch 1 ngày học 1~2 trang, hoặc 1 ngày học 1 chương thì sau khi kết thúc giáo trình, bạn đọc sẽ nắm được 349 chữ Hán và từ vựng cần thiết cho cuộc sống. Kết hợp cùng 326 chữ Hán cơ bản trong hai cuốn "Kanji Master N5, N4", bạn đọc sẽ học được tất cả 675 chữ Hán. Trước khi bước sang trình độ N2, bạn đọc hãy đặt cho mình mục tiêu phải nắm vững toàn bộ chữ Hán được đưa ra trong cuốn sách này.

Là kết quả của một quá trình nỗ lực sửa đổi trong thời gian dài, chúng tôi tự hào rằng đây là một giáo trình đã chạm tới tiêu chuẩn của một giáo trình lý tưởng. Tập thể người biên soạn sách xin được gửi lời biết ơn chân thành tới tất cả những cá nhân, tổ chức đã giúp đỡ chúng tôi hoàn thành giáo trình này. Đồng thời xin chúc quý bạn đọc sẽ gặt hái được nhiều thành công trong quá trình học chữ Hán của mình.

ARC Academy

本書の特長
ほんしょ　とくちょう

POINT 1. 効率的に学べる
こうりつてき　まな

『漢字マスターN3』では、学ぶ方が漢字学習に親しみやすさを感じられるように、身
かんじ　　　　　　　　　まな　かた　かんじがくしゅう　した
近な生活で遭遇するカテゴリー別に分類しました。各カテゴリーには更に小タイトル
ちか　せいかつ　そうぐう　　　　　　べつ　ぶんるい　　　　　　かく　　　　　　　さら　しょう
をつけて、イメージしやすい場面から効率的に学べるように、配置しました。
ばめん　こうりつてき　まな　　　　　　はいち

例）1章　生活　　　　　　　　　　　　　　2章　料理
れい　しょう　せいかつ　　　　　　　　　　しょう　りょうり

生活1・・・・・起寝浴湯　　　　　作る1・・・・・熱冷温度
せいかつ　　　　　　　　　　　　　　　つく

生活2・・・・・洗濯干活　　　　　作る2・・・・・材型焼器
せいかつ　　　　　　　　　　　　　　　つく

ゴミ・・・・・拾捨燃袋　　　　　食材1・・・・・卵乳粉塩
しょくざい

カレンダー1・・曜末昨翌　　　　食材2・・・・・菜果豆缶
しょくざい

カレンダー2・・予定用事　　　　数え方・・・・・杯枚匹量
かぞ　かた

POINT 2. 漢字を学びながら生活に必要な語彙も増やせる
かんじ　まな　　　　せいかつ　ひつよう　ごい　　ふ

提示した語例や例文は、日常生活で接することの多いものを取り上げました。また、
ていじ　ごれい　れいぶん　にちじょうせいかつ　せっ　　　　　　おお　　　　　と　あ
広く現代で使われる言葉も加えました。
ひろ　げんだい　つか　　ことば　くわ

POINT 3. 美しく読みやすい文字が書ける
うつく　よ　　　　もじ　か

本書のフォントは、モリサワUDデジタル教科書体を採用しました。学習する方にとっ
ほんしょ　　　　　　　　　　　　きょうかしょたい　さいよう　　　がくしゅう　かた
て文字の形がわかりやすく、間違えにくいフォントです。手本をよく見て、きれいな
もじ　かたち　　　　　　　　まちが　　　　　　　　てほん　　　み
形の文字をマスターしてください。
かたち　もじ

POINT 4. 確実に学べる
かくじつ　まな

各章で学んだ漢字は、「復習」で確認することができます。さらに「アチーブメントテ
かくしょう　まな　かんじ　　ふくしゅう　かくにん
スト」で実力を試すことができます。加えて「クイズ」もついていますので、ゲーム
じつりょく　ため　　　　　　くわ
感覚で楽しく、そして、確実に漢字を習得することができます。
かんかく　たの　　　　　　　　かくじつ　かんじ　しゅうとく

POINT 5. 熟字訓を知る
じゅくじくん　し

漢字二字、または三字などからなる熟字を訓読みしたものを熟字訓といいます。漢字
かんじにじ　　　　　さんじ　　　　　　じゅくじ　くんよ　　　　　　じゅくじくん　　　　　かんじ
一字の音訓によらずに、言葉を全体として読む読み方です。熟字訓は100以上ありま
いちじ　おんくん　　　　　ことば　ぜんたい　　よ　　よ　かた　じゅくじくん　　いじょう
すが、本書では、N5、N4、N3レベルの漢字を用いたものを取り上げました。
ほんしょ　　　　　　　　　　　　　　かんじ　もち　　　　　　　と　あ

例）小豆・・・あずき　　　お神酒・・・おみき　　　今朝・・・けさ
れい

母さん・・・かあさん　　　五月雨・・・さみだれ　　　竹刀・・・しない

学習の進め方
がくしゅう　すす　かた

漢字学習の進め方を次に記します。学習中もこの「学習の進め方」を確認し、字形、筆順を常
かんじがくしゅう　すす　かた　つぎ　しる　　　　　がくしゅうちゅう　　　　がくしゅう　すす　かた　　かくにん　　じけい　ひつじゅん　つね
に意識しましょう。
　いしき

STEP 1.　章はカテゴリー別になっています。各カテゴリーには小タイトルがついています。
　　　　　しょう　　　　　　べつ　　　　　　　　　　　かく　　　　　　　　しょう

　　　　　まず、タイトルごとにどんな漢字を学ぶか確認します。
　　　　　　　　　　　　　　　　　かんじ　まな　　かくにん

STEP 2.　新しく学ぶ親字の横にある、訓読み、音読み、送りがなを確認します。
　　　　　あたら　まな　おやじ　よこ　　　　くんよ　　おんよ　　おく　　　　　かくにん

STEP 3.　親字の右にある、画数を確認します。
　　　　　おやじ　みぎ　　　　かくすう　かくにん

STEP 4.　まず、うすい文字の上をなぞります。そして、手本を見て視写をくりかえし、正しい字形
　　　　　　　　　　　もじ　うえ　　　　　　　　　　　てほん　み　ししゃ　　　　　　　ただ　じけい
　　　　　を覚えます。
　　　　　　おぼ

STEP 5.　「漢字を読みましょう」「漢字を書きましょう」の問題に進みます。言葉の意味や読み、
　　　　　かんじ　よ　　　　　　かんじ　か　　　　　　もんだい　すす　　　ことば　いみ　よ
　　　　　正しい書き方を覚えます。
　　　　　ただ　か　かた　おぼ

STEP 6.　復習、アチーブメントテスト、クイズ、まとめテストに進みます。
　　　　　ふくしゅう　　　　　　　　　　　　　　　　　　　　　　　　すす

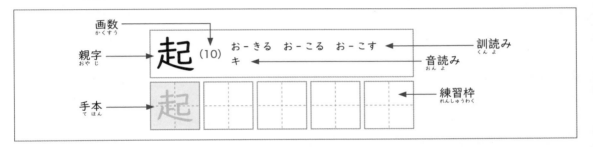

復習 ふくしゅう	学習した漢字の定着度を確認するために、1章ごとの問題を解きます。確認や苦手な漢字 がくしゅう　かんじ　ていちゃくど　かくにん　　　　しょう　もんだい　と　かくにん　にがて　かんじ の発見に活用してください はっけん　かつよう
アチーブメントテスト	2章ごとに1回あります。アチーブメントテストを解き、自身のレベルチェックに利用し しょう　かい　　　　　　　　　　　　　　と　じしん　　　　　　　　　りょう てください。
クイズ	学習に変化をつけ、楽しく学べるように2章ごとに1回クイズもあります。宿題やテスト がくしゅう　へんか　たの　まな　しょう　かい　　　　　　　しゅくだい 等に活用してください。 とう　かつよう

　　　　　漢字学習☑　⇒　復習☑　⇒　アチーブメントテスト☑　⇒　クイズ☑　⇒　まとめテスト☑
　　　　　かんじがくしゅう　　　ふくしゅう

まとめテスト	総復習として、1章～10章、11章～18章のまとめテストがありますので、定着、確認 そうふくしゅう　しょう　しょう　しょう　しょう　　　　　　　　　ていちゃく　かくにん のために利用してください。 りょう
目次 もくじ	理解度の把握のために、チェック欄☑、および学習日程（　　／　　）をつけました。 りかいど　はあく　　　　　らん　　　　　がくしゅうにってい 独学の場合も授業で取り扱う場合も、学習計画や定着度の確認等に役立ててください。 どくがく　ばあい　じゅぎょう　と　あつか　ばあい　がくしゅうけいかく　ていちゃくど　かくにんとう　やくだ
とくべつな言葉 ことば	常用漢字表に掲載されている読みは網羅しましたが、難易度が高いと判断した読みを持つ じょうようかんじひょう　けいさい　　　　　よ　もうら　　　　　　なんいど　たか　はんだん　よ　も 言葉は欄外に示しました。 ことば　らんがい　しめ

Features of this book

POINT 1. Learn effectively.

In "Kanji Master N3," kanji are divided into categories based on daily life experiences to smoothly build familiarity with kanji study. Moreover, each category also has small titles to facilitate learning from easily imagined situations.

e.g.) Chapter 1 Life

					Chapter 2 Cuisine:				
Life 1:	....	起	寝	浴	湯	Cooking 1:	....	熱 冷 温 度
Life 2:	....	洗	濯	干	活	Cooking 2:	....	材 型 焼 器
Trash:	....	拾	捨	燃	袋	Ingredients 1:	....	卵 乳 粉 塩
Calendar 1:	....	曜	末	昨	翌	Ingredients 2:	....	菜 果 豆 缶
Calendar 2:	....	予	定	用	事	How to Count:	....	杯 枚 匹 量

POINT 2. Learn and acquire vocabulary useful in daily life by studying kanji.

In this textbook we pick up vocabulary and sample sentences that are used in daily life. In addition, we add words that are commonly used in recent days.

POINT 3. Write beautiful and legible characters.

Morisawa's UD Digital Kyokasho-tai, which is easy for those who study kanji to recognize the character form without mistakes, is adopted for this textbook. Let's learn to write legible characters by carefully modeling after examples.

POINT 4. Learn with certainty

FYou can confirm the kanji you learned in each chapter through Review and test your capability through Achievement Tests. In addition, at Quizzes like playing a game you can enjoy learning and master the kanji with certainty.

POINT 5. Learn Jukujikun

Jukujikun is Kun-yomi reading of Jukuji, compounds of two, three, or more kanji characters. One Jukuji is read as one word not based on On-yomi or Kun-yomi of each kanji character. There are more than 100 Jukujikun, and we pick up ones using kanji characters of N5, N4, and N3 levels in this textbook.

e.g.)

小豆 .... あずき		お神酒 .... おみき		今朝 .... けさ
母さん ..... かあさん		五月雨 .... さみだれ		竹刀 .... しない

How to use this book

Next let's look at how to study kanji. During your study, be aware of these steps, and pay attention to the correct character form and stroke order.

STEP 1. Each chapter is divided into categories and each category has small titles. Understand what kind of kanji are included in a particular title.

STEP 2. Check Kun-yomi, On-yomi, and Deslensional Kana Endings of a new index character, written next to it.

STEP 3. Check the number of strokes indicated to the right of the index kanji.

STEP 4. First, trace thin letters. Repeat it until you remember the correct character form.

STEP 5. Proceed to exercises provided in「漢字を読みましょう」 "Let's Read Kanji" and「漢字を書きましょう」 "Let's Write Kanji." Remember the meaning of the words, yomi (readings), and the correct stroke order.

STEP 6. Proceed to Review, Achievement Test, Quizzes, and Summary Tests.

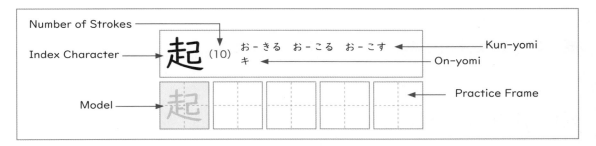

Review

Answer the review questions in every chapter to check your retention level. Use this review to find kanji that are difficult for you to remember.

Achievement Tests

These are in every two chapters. Take the achievement test to check your level.

Quizzes

The textbook also provides Quizzes in every two chapters to give variation to learning and fun activities. Please use Quizzes for homework and tests.

Kanji Learning ☑ ⇒ Review ☑ ⇒ Achievement Tests ☑ ⇒ Quizzes ☑ ⇒ Summary Tests ☑

Summary Tests

Summary Tests are after Chapter 1-10 and Chapter 11-18 as an overall review. Use the summary test to reinforce what you have learned and evaluate your study.

Contents

There are check boxes ☑ and Study Day columns (/) to measure your level of understanding. Use them to make a study plan and evaluate performance for either self or class study.

Special words

Though reading of kanji listed in the "Joyo (Daily-use) Kanji List" are covered, words that are considered to be difficult to read are shown in the margins.

本书特点

要点1　能有效学习

为了让学习者对汉字学习感到更亲切，《主攻汉字 N3》将日常的生活场景进行了分类。各类别又分别添加了小标题，通过更容易想象的画面来实现更有效率的学习。

例）1章　生活　　　　　　　　　　　　　　2章　料理

生活1・・・　起　寝　浴　湯　　　　　制作1・・・・　熱　冷　温　度

生活2・・・　洗　濯　干　活　　　　　制作2・・・・　材　型　焼　器

垃圾・・・　拾　捨　燃　袋　　　　　食材1・・・・　卵　乳　粉　塩

日历1・・・　曜　末　昨　翌　　　　　食材2・・・・　菜　果　豆　缶

日历2・・・　予　定　用　事　　　　　数数方法・・・　杯　枚　匹　量

要点2　边学汉字便可以增加日常生活中必需的词汇量

提供了许多在日常生活中常用的词汇和例文。另外还添加了很多现代广泛使用的词句。

要点3　能写出易读端正漂亮的汉字

为方便独学者学习，在汉字上附上了正确的笔顺数字，使您能够书写易读且美丽的汉字。本书字型采用森泽（morisawa）的 UD 数码教科书体。是学习日语汉字者容易分辨汉字字形，不易出错的字体。请您仔细按照字体写出端正的汉字。

要点4　可以确切地学习

在各章学习过的汉字，可以通过复习来检验学习成果。还可通过成绩测验来检测实力。另附"问答"，可以像玩游戏一样来愉快、确切地学习汉字。

要点5　学习特殊读音词汇

拥有特殊读音的由二字或三字等构成的汉语词被称为"熟字訓"。"熟字訓"的读音不对应单个汉字，而是整体词语属于特殊读法。这种特殊读音词汇有 100 个以上，本书为大家列举了使用了Ｎ５、Ｎ４、Ｎ３汉字的词汇。

例：

小豆・・・・あずき　　　　お神酒・・・おみき　　　　今朝・・・けさ

母さん・・・かあさん　　　五月雨・・・さみだれ　　　竹刀・・・しない

学习方法

下面为汉语学习的步骤。学习中也请确认"学习步骤"，注意汉字的字形和笔顺。

第1步， 每章有不同分类。每个分类都有小标题。可根据标题确认所学汉字。

第2步， 确认新学汉字边上的训读·音读及结尾假名。

第3步， 要确认汉字右面的笔画数字。

第4步， 首先在浅色文字上临摹。然后边参照范本边重复练习书写，以记住正确的字形。

第5步， 进入读汉字 写汉字问题练习。记住词汇的意思、读法、正确的写法。

第6步， 进入复习、成绩测验、问答、综合测验。

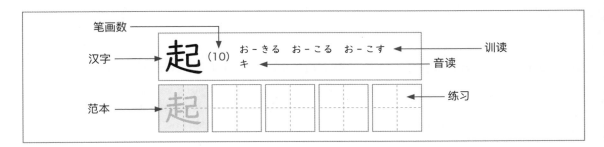

复习
为确认所学汉字的掌握程度，以章为单位分类解题。用于确认并发现自己不熟悉的汉字。

成绩测验
每两章1次。通过成绩测验，检查自己的水平。

问答
为变换花样，愉快的学习，每两章附有1次问答。请用于作业及考试。

学习汉字 ☑ ⇒ 复习 ☑ ⇒ 成绩测验 ☑ ⇒ 问答 ☑ ⇒ 综合测验 ☑

综合测验
1–10章、11–18章后有综合测验，可以进行总复习，确认掌握程度。

目录
为把握理解度，请注明复核栏，学习日栏。无论您是独学者还是授课学习者，请用于制定学习计划及掌握程度的确认。

特殊词语
本书收罗了常用汉字表里出现的读音。而读音难度较高的词语放在了表格之外。

ĐẶC TRƯNG GIÁO TRÌNH

Đặc trưng 1: Có thể học tập một cách hiệu quả

Nội dung giáo trình "Kanji Master N3" được chia theo các chủ đề thường gặp trong cuộc sống hàng ngày, giúp mang đến cho bạn đọc cảm giác gần gũi, quen thuộc với chữ Hán. Hơn thế nữa, chủ đề lớn của mỗi chương lại được chia thành nhiều đầu mục nhỏ hơn, giúp bạn đọc có thể học tập hiệu quả từ những tình huống thực tế, dễ hình dung.

Ví dụ: Chương 1 Cuộc sống

Cuộc sống 1..........起 寝 浴 湯
Cuộc sống 2..........洗 濯 干 活
Rác thải ....拾 捨 燃 袋
Lịch 1 ....曜 末 昨 翌
Lịch 2 ....予 定 用 事

Chương 2 Nấu ăn

Chế biến 1 ....熱 冷 温 度
Chế biến 2 ....材 型 焼 器
Thực phẩm 1 ....卵 乳 粉 塩
Thực phẩm 2 ....菜 果 豆 缶
Cách đo đếm ....杯 枚 匹 量

Đặc trưng 2: Vừa học chữ Hán vừa nâng cao vốn từ cần thiết cho cuộc sống

Người biên soạn sách đã chọn lọc và đưa ra những từ vựng và câu ví dụ mà bạn đọc sẽ được tiếp xúc thường xuyên trong cuộc sống hàng ngày. Ngoài ra, giáo trình cũng được bổ sung thêm những từ vựng đang được sử dụng rộng rãi hiện nay.

Đặc trưng 3: Có thể học được cách viết chữ Hán đẹp, dễ nhìn

Font chữ được sử dụng trong giáo trình là font chữ dành cho giáo trình điện tử UD của công ty thiết kế Morisawa. Đây là font chữ có thể giúp người học dễ dàng nắm bắt hình thái chữ viết, mà không bị nhầm lẫn. Bạn đọc hãy quan sát kỹ chữ mẫu và nắm vững hình thái chuẩn của chữ.

Đặc trưng 4: Làm chủ kiến thức một cách vững chắc

Bạn đọc có thể xác nhận chữ Hán đã học của từng chương qua bài tập ôn tập. Thêm vào đó, "bài kiểm tra thành tích" sẽ giúp bạn đọc đánh giá được thực lực của bản thân. Đồng thời, với phần "câu đố", có vai trò như một trò chơi, khiến việc học chữ Hán trở nên vui vẻ hơn, nhưng cũng không kém phần hiệu quả, chắc chắn.

Đặc trưng 5: Nắm được những cụm Hán tự đọc theo âm KUN

Những chữ Hán ghép từ 2 hoặc 3 chữ Hán, nhưng được đọc theo âm KUN (âm thuần Nhật), được gọi là "cụm Hán tự đọc theo âm KUN". Đây là cách đọc dựa trên tổng thể từ ngữ, mà không tuân theo nguyên tắc đọc âm ON thông thường của một chữ Hán. Cách đọc cụm Hán tự theo âm KUN đặc biệt này có trên 100 từ, nhưng ở đây giáo trình chỉ chọn lọc và đưa vào những chữ Hán thuộc trình độ N5, N4 và N3.

Ví dụ: 小豆・・・あずき　　お神酒・・・おみき　　今朝・・・けさ
　　　母さん・・かあさん　　五月雨・・・さみだれ　　竹刀・・・しない

PHƯƠNG PHÁP HỌC

Phương pháp học chữ Hán sẽ được giải thích cụ thể như dưới đây. Trong suốt quá trình học, bạn đọc hãy xác nhận thường xuyên "PHƯƠNG PHÁP HỌC", đồng thời luôn chú ý tới hình thái, trình tự nét chữ của từng chữ Hán.

BƯỚC 1: Mỗi chương sẽ được trình bày theo một chủ đề riêng. Chủ đề lớn của từng chương tiếp tục được chia thành nhiều đầu mục nhỏ. Trước tiên, bạn đọc hãy xác nhận những chữ Hán phải học theo tiêu đề của từng đầu mục này.

BƯỚC 2: Xác nhận cách đọc âm ON, âm KUN, hậu tố Kana (Okurigana) được giải thích bên cạnh chữ Hán mới học.

BƯỚC 3: Xác nhận số nét chữ được ghi bên phải chữ Hán.

BƯỚC 4: Đầu tiên, hãy tô đè lên nét chữ của chữ cái được in mờ. Sau đó, vừa nhìn chữ mẫu, vừa tập viết nhiều lần để ghi nhớ cách viết đúng.

BƯỚC 5: Làm bài tập ở phần "Cùng đọc chữ Hán" và "Cùng viết chữ Hán". Đây là phần luyện tập để nhớ ý nghĩa, cách đọc, cách viết đúng của từ vựng.

BƯỚC 6: Lần lượt hoàn thành tiếp phần ôn tập, bài kiểm tra thành tích, câu đố và bài thi tổng hợp.

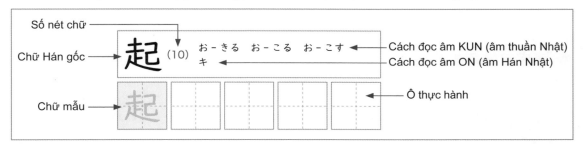

Ôn tập

Bạn đọc hãy làm bài tập ôn tập ở cuối mỗi chương để xác nhận mức độ hiểu và thuộc chữ Hán đã học. Hãy tận dụng tốt phần này để xác nhận kiến thức và tìm ra những chữ Hán mà bạn còn yếu.

Bài kiểm tra thành tích

Đây là bài kiểm tra sau mỗi 2 chương học. Hãy tiến hành làm bài kiểm tra và tự xác nhận trình độ của bản thân.

Câu đố

Sau mỗi 2 chương học, sẽ có một bài tập dưới dạng câu đố, giúp thay đổi không khí học tập, khiến cho việc học trở nên vui vẻ, thỏa mái hơn. Hãy tận dụng tốt phần này như một phần bài tập và kiểm tra.

Học chữ Hán ☑ ⇒ Ôn tập ☑ ⇒ Bài kiểm tra thành tích ☑ ⇒ Câu đố ☑ ⇒ Bài thi tổng hợp

Bài thi tổng hợp

Sau các chương 1~10 và 11~18, sẽ có bài thi tổng hợp. Bạn đọc hãy tận dụng bài thi như một lần ôn tập tổng hợp để xác nhận và nắm vững hơn kiến thức của mình.

Mục lục

Để giúp bạn đọc nắm được mức độ hiểu bài của bản thân, giáo trình có sẵn cột đánh dấu tích ☑ và cột ghi chú ngày tháng học (/   ). Dù là tự học hay sử dụng giáo trình trong giờ học trên lớp, bạn đọc cũng hãy tận dụng phần này cho việc lên kế hoạch học tập, cũng như xác nhận mức độ hiểu bài, thuộc bài của bản thân.

Những từ đặc biệt

Giáo trình bao hàm toàn bộ những cách đọc được nêu ra trong Bảng chữ Hán thông dụng. Tuy nhiên, những từ vựng có cách đọc được cho là có độ khó cao, sẽ được liệt kê ở phần ghi chú.

生活 1
せいかつ

起 (10) お－きる　お－こる　お－こす
　　　キ

起				

寝 (13) ね－る　ね－かす
　　　シン

寝				

浴 (10) あ－びる　あ－びせる
　　　ヨク

浴				

湯 (12) ゆ
　　　トウ

湯				

◆ 漢字を読みましょう
かんじ　よ

① 休日はいつもより遅く起きる。
きゅうじつ　　　　　　おそ

② 地震が起こったら 机の下に入る。
じしん　　　　　　つくえ　した　はい

③ 毎朝、母に起こしてもらっている。
まいあさ　はは

④ 明日は試験だから５時起しょうだ。
あした　しけん　　　　　じ

⑤ 寝ながらスマホを見るのはよくない。
ね　　　　　　　　み

⑥ もう９時、子どもを寝かす時間だ。
じ　こ　　　　　ね　　　じかん

⑦ 寝室の電気をつけて寝てしまった。
てんき　　　　　　ね

⑧ 汗をかいたからシャワーを浴びる。
あせ　　　　　　　　　　　あ

⑨ かぜのときは入浴しないほうがいい。
にゅうよく

⑩ お湯をわかしてコーヒーを入れる。
ゆ　　　　　　　　　　い

①	②	③	④	⑤
⑥	⑦	⑧	⑨	⑩

◆ 漢字を書きましょう
かんじ　か

① はやねはやおきは体のためによい。
からだ

② パソコンを再きどうさせる。
さい

③ ねぼうして学校に遅こくした。
がっこう　ち

④ 毎日、昼食後に少しひるねする。
まいにち　ちゅうしょくご　すこ

⑤ 子どもはよく親に質問をあびせる。
こ　　　　　おや　しつもん

⑥ よくしつをきれいにそうじする。

⑦ ゆっくりとゆぶねにつかる。

⑧ ねっとうを入れて３分待つ。
い　　ぶんま

①	②	③　　　ぼう	④
⑤	⑥	⑦	⑧ 熱
ねっ

生活2
せいかつ

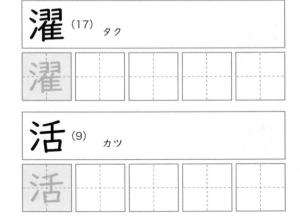

洗 (9)	あら－う セン

濯 (17)	タク

干 (3)	ほ－す　ひ－る カン

活 (9)	カツ

◆ 漢字を読みましょう
かんじ　よ

① 食器をきれいに洗う。
しょっき

③ 洗濯機の使い方を教えてください。
　　せんたくき　つか　かた　おし

⑤ 天気がいい日は外にふとんを干す。
　　てんき　　ひ　そと

⑦ 母は私の行動や友人関係に干渉する。
　　はは　わたし　こうどう　ゆうじんかんけい

⑨ アルバイトで生活費をかせぐ。

② 毎日の手洗い・うがいが大切だ。
　　まいにち　てあら　　　たいせつ

④ ドラッグストアで洗剤を買った。
　　　　　　　　　　　か

⑥ つった魚で干物を作る。
　　　さかな　　つく

⑧ 4月から新しい生活が始まる。
　　がつ　あたら　　　はじ

⑩ 姉は活発だが、妹はおとなしい。
　　あね　　　　　いもうと

①	②	③　　　　　き	④　　　ざい	⑤

⑥	⑦　　　しょう	⑧	⑨　　　ひ	⑩

◆ 漢字を書きましょう
かんじ　か

① セーターをあらったら小さくなった。
　　　　　　　　　　　ちい

③ せんたくものをたたむ。

⑤ しょくせいかつに気をつける。

⑦ けん君はかっぱつに走り回っている。
　　　くん　　　　　　　はし　まわ

② おてあらいはまっすぐ行って右です。
　　　　　　　　　　　い　　みぎ

④ シャツのしわを伸ばしてほす。
　　　　　　　　の

⑥ この店は店員が元気でかっきがある。
　　　みせ　てんいん　げんき

⑧ ボランティアかつどうにさんかする。

①	②	③	④

⑤	⑥	⑦	⑧

ゴミ

拾 (9)	ひろ－う シュウ　ジュウ

捨 (11)	す－てる シャ

燃 (16)	も－える　も－やす　も－す ネン

袋 (11)	ふくろ タイ

◆ 漢字を読みましょう
かんじ　よ

① 海岸のペットボトルを拾う。
かいがん

② 校内の拾得物はスマホや定期が多い。
こうない　　　　　　　　　　　てい　き　　おお

③ 着られなくなった洋服を捨てる。
き　　　　　　　　　　ようふく

④ 小数点第一位を四捨五入する。
しょうすうてんだいいち　い

⑤ 火事でとなりのアパートが燃えた。
か　じ

⑥ 落ち葉を集めて燃す。
お　ば　あつ

⑦ 可燃ゴミの日は火曜と木曜だ。
ひ　　　　　　　か　ようもくよう

⑧ 買った食料品を袋に入れる。
か　　しょくりょうひん　　　　い

⑨ 雨にぬれて紙袋がやぶれそうだ。
あめ

⑩ 寒い日は手袋をはめて出かける。
さむ　ひ　　　　　　　　　で

①	② とく	③	④	⑤
⑥	⑦ か	⑧	⑨	⑩

◆ 漢字を書きましょう
かんじ　か

① 道に落ちていたさいふをひろった。
みち　お

② ボランティアでゴミひろいをした。

③ 道にゴミをすててはいけない。
みち

④ ゴミのすてかたにはルールがある。

⑤ ガラスや刃物はふねんゴミで出す。
は　もの　　　　　　　　　　だ

⑥ ここでゴミをもやさないでください。

⑦ ゴミは指定のふくろに入れて出す。
してい　　　　　　　　だ

⑧ 有料のレジぶくろは使わない。
ゆうりょう　　　　　　　　　つか

①	②	③	④
⑤	⑥	⑦	⑧

とくべつな言葉……拾萬円、風袋
じゅうまんえん　ふうたい

カレンダー1

◆ 漢字を読みましょう

① 毎週 水曜日が休みだ。
③ この橋は 19 世紀の末ごろに作られた。
⑤ 明日、期末テストが行われる。
⑦ 昨晩、友達と長時間ゲームした。
⑨ 翌週のプレゼンの準備をする。

② 都合がいいのは火曜日だ。
④ 今週の週末、友達と映画を見に行く。
⑥ 3月末までの短期アルバイトをする。
⑧ 昨年の夏はハワイへ旅行に行った。
⑩ 台風の翌日はいい天気だった。

①	②	③	④	⑤ き
⑥	⑦	⑧	⑨	⑩

◆ 漢字を書きましょう

① もくようびと土日はアルバイトだ。
③ げつまつまでに返事をください。
⑤ 私は三人兄弟のすえっこだ。
⑦ さくばんから熱が下がらない。

② 今週のきんようびにライブに行く。
④ ねんまつねんしは海外ですごす。
⑥ さくじつはありがとうございました。
⑧ 大学入学のよくとし、恋人ができた。

①	②	③	④
⑤	⑥	⑦	⑧

とくべつな言葉…… 末子
　　　　　　　　　ばっし・まっし

カレンダー２

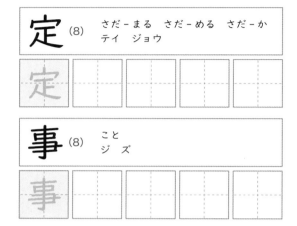

予	(4)	ヨ

用	(5)	もち－いる ヨウ

定	(8)	さだ－まる　さだ－める　さだ－か テイ　ジョウ

事	(8)	こと ジ　ズ

◆ 漢字を読みましょう

① 来月、国へ帰る予定だ。

② 天気予報を見て、着る服を決める。

③ 学校のきそくを定める。

④ 彼が来るか、定かでない。

⑤ 定規で線を引く。

⑥ 次の会議は英語を用いて行われる。

⑦ 来週、子ども用の自転車を買う。

⑧ 毎日バスを利用して通学している。

⑨ くわしい事は明日話す。

⑩ 今月は大事な試験がある。

①	② ほう	③	④	⑤ ぎ
⑥	⑦	⑧	⑨	⑩

◆ 漢字を書きましょう

① 来週のよていをカレンダーに書く。

② 毎日、授業のよしゅうをする。

③ ウェブからチケットをよやくする。

④ １日中考えて目ひょうがさだまった。

⑤ 駅の窓口でていきけんを買う。

⑥ 急なようじで外出する。

⑦ しょくじの準備をする。

⑧ 毎月いろいろなぎょうじがある。

①	②	③ 約	④
⑤ 期	⑥	⑦	⑧

とくべつな言葉……好事家

1章　復習
（しょう）（ふくしゅう）

1. 漢字の読み方を書いてください。
（かんじ）（よ）（かた）（か）

① 寝室にはベッドと小さな本だなしか置いていない。
（ちい）（ほん）（お）

② 年末年始は国に帰って家族とすごしたい。
（くに）（かえ）（か ぞく）

③ 天気がいいのでふとんを干した。
（てん き）

④ 先週、この交差点で車の事こが起こった。
（せんしゅう）（こう さ てん）（くるま）（じ）（お）

⑤ ４人兄弟の末っ子だったので、家族にかわいがられた。
（にんきょうだい）（か ぞく）

⑥ 母がくれた手袋を今も大切にしている。
（はは）（いま）（たいせつ）

⑦ 毎日の生活にテレビがないと不便だ。
（まいにち）（ふ べん）

⑧ このシステムは世界中で広く用いられている。
（せ かいじゅう）（ひろ）

⑨ 熱湯を入れたら、ふたをして３分待ってください。
（い）（ぶん ま）

⑩ ゴミを燃やすエネルギーで電気を作る。
（でん き）（つく）

① 　　　　　
② 　　　　　
③ 　　　　　
④ 　　　　　
⑤ 　　　　　
⑥ 　　　　　
⑦ 　　　　　
⑧ 　　　　　
⑨ ねっ　　　
⑩ 　　　　　

2. 漢字を書いてください。
（かんじ）（か）

① 毎朝はやおきして、子どもとジョギングしている。
（まいあさ）（こ）

② 今年の夏休みは北海道に行くよていだ。
（こ とし）（なつやす）（ほっかいどう）（い）

③ スマホをりようした料金をはらう。
（りょうきん）

④ 汗をかいたので、シャワーをあびてさっぱりしたい。
（あせ）

⑤ 月に二回、ボランティアでゴミひろいをしている。
（つき）（に かい）

⑥ プラスチックはすてないで、再利用する。
（さい り よう）

⑦ きれいにせんたくものをたたむのが苦手だ。
（にが て）

⑧ 毎週 きんようびに、スペイン語を習っている。
（まいしゅう）（ご）（なら）

⑨ すみません。おてあらいはどちらですか。

⑩ だいじな約束を忘れて、恋人を怒らせた。
（やくそく）（わす）（こいびと）（おこ）

① 　　　　　
② 　　　　　
③ 　　　　　
④ 　　　　　
⑤ 　　　　　
⑥ 　　　　　
⑦ 　　　　　
⑧ 　　　　　
⑨ 　　　　　
⑩

作る 1
つく

熱	(15)	あつ－い ネツ

熱				

冷	(7)	ひ－える　ひ－やす　さ－める　さ－ます ひ－やかす　つめ－たい　ひ－や レイ

冷				

温	(12)	あたた－まる　あたた－める あたた－かい　あたた－か オン

温				

度	(9)	たび ド　ト　タク

度				

◆ 漢字を読みましょう
かんじ　よ

① 熱いラーメンを食べて汗をかいた。
た　　　　　　あせ

② インフルエンザで高い熱が出た。
たか　　　　で

③ ビールを冷やしておく。

④ このご飯は冷めてもおいしい。
はん

⑤ 冷たいジュースを一気に飲んだ。
いっき　の

⑥ 日本酒を冷やで飲む。
にほんしゅ　　　　の

⑦ スープを飲んだら、体が温まった。
の　　　　　からだ

⑧ 温かいみそ汁が飲みたい。
しる　の

⑨ オーブンの温度を 250℃ にする。

⑩ 今日は気温が高くなるそうだ。
きょう　きおん　たか

①	②	③	④	⑤

⑥	⑦	⑧	⑨	⑩

◆ 漢字を書きましょう
かんじ　か

① あついスープでしたをやけどする。

② 寒さで体がすっかりひえてしまった。
さむ　からだ

③ 熱いコーヒーを少しさまして飲む。
あつ　　　　すこ　　　　　　の

④ 新婚の二人をみんなでひやかす。
しんこん　ふたり

⑤ 電子レンジでピザをあたためる。
でんし

⑥ 彼はあたたかな心を持った人だ。
かれ　　　　　　こころ　も　　　ひと

⑦ たいおんけいで熱を測る。
ねつ　はか

⑧ 早起きして朝食のしたくをする。
はやお　　　ちょうしょく

①	②	③	④

⑤	⑥	⑦	⑧ 支 し

とくべつな言葉……法度
はっと

作る2

つく

材 (7) ザイ

| 材 | | | | |

型 (9) かた ケイ

| 型 | | | | |

焼 (12) や‐ける　や‐く ショウ

| 焼 | | | | |

器 (15) うつわ キ

| 器 | | | | |

◆ 漢字を読みましょう

かんじ　よ

① チーズケーキの材料を買う。
か

② 古い木材を再利用していすを作る。
ふる　もくざい　さいりよう　つく

③ チョコレートを型から静かに出す。
しず　だ

④ 最新型のスマホは高くて買えない。
さいしんがた　たか

⑤ 新しい文型をひとつ覚えた。
あたら　おぼ

⑥ 焼いたパンとコーヒーが毎朝の食事だ。
や　まいあさ　しょくじ

⑦ 日焼けで体中が真っ赤になった。
ひや　からだじゅう　ま　か

⑧ 理科の授業で燃焼の実験をする。
りか　じゅぎょう　ねんしょう　じっけん

⑨ 料理にあわせて器をえらぶ。
りょうり　うつわ

⑩ 夕食に使った食器を洗う。
ゆうしょく　つか　しょっき　あら

①	②	③	④ さい	⑤

⑥	⑦	⑧	⑨	⑩

◆ 漢字を書きましょう

かんじ　か

① 料理の前にざいりょうを確認する。
りょうり　まえ　かくにん

② パーティー用のしょくざいを買う。
よう　か

③ 優しゅうなじんざいがほしい。
ゆう

④ 兄のたん生日にケーキをやいた。
あに　じょうび

⑤ パンがやけるいいにおいがする。

⑥ 友達にしょっきをプレゼントした。
ともだち

⑦ ガラスのうつわにサラダをもる。

⑧ パティシエの彼は手先がきようだ。
かれ　てさき

①	②	③	④

⑤	⑥	⑦	⑧

食材 1
しょくざい

Ingredients 1
食材 1
Thực phẩm 1

卵 (7)	たまご ラン

| 卵 | | | | | |

乳 (8)	ちち　ち ニュウ

| 乳 | | | | | |

粉 (10)	こな　こ フン

| 粉 | | | | | |

塩 (13)	しお エン

| 塩 | | | | | |

◆ 漢字を読みましょう
かんじ　よ

① 卵をわってボールに入れる。

② 卵白にさとうを入れてよくあわ立てる。

③ やぎの乳を使ったチーズはおいしい。

④ バターは牛乳から作られる。

⑤ 動物図かんで海のほ乳類を調べる。
どうぶつず　　　　うみ　　　　　　しら

⑥ 小麦粉でたこ焼きを作る。
こむぎ　　　　　　や　　　　つく

⑦ 粉末スープにお湯を入れる。
　　　　　　　　　ゆ

⑧ 毎日、食後に2種類の粉薬を飲む。
まいにち　しょくご　しゅるい　　　の

⑨ 塩味のラーメンを注文する。
　　　　　　　　　ちゅうもん

⑩ 塩をひとつまみ入れると味が変わる。
　　　　　　　　い　　　あじ　か

①	②	③	④	⑤　　　るい

⑥	⑦	⑧	⑨	⑩

◆ 漢字を書きましょう
かんじ　か

① ゆでたまごの黄身は半じゅくがおいしい。
　　　　　　　　　はん

② らんおうだけでプリンを作る。
　　　　　　　　　　　つく

③ ぎゅうにゅうパックを再利用する。
　　　　　　　　　　さいりよう

④ パスタにこなチーズをかけて食べる。
　　　　　　　　　　　　　た

⑤ この歯みがきこは歯が白くなる。
　　は　　　　　は　しろ

⑥ 春になるとかふんが大量に飛ぶ。
はる　　　　　　　　たいりょう　と

⑦ しおとこしょうで味をつける。
　　　　　　　あじ

⑧ えんぶんの取りすぎはよくない。
　　　　　と

①	②	③	④

⑤	⑥	⑦	⑧

とくべつな言葉……乳飲み子
　　　　　　　　　ち　の　ご

食材2
しょくざい

菜	(11)	な サイ

菜					

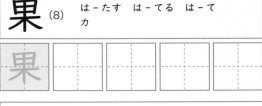

豆	(7)	まめ トウ　ズ

豆					

◆ 漢字を読みましょう
かんじ　よ

① 緑黄色野菜をたくさん食べる。
りょくおうしょく　　　　た

② 春になると菜の花で一面黄色になる。
はる　　　　　　　　　　いちめん きいろ

③ 何があっても彼女との約束を果たす。
なに　　　　かのじょ　　やくそく

④ 働きすぎてつかれ果てた。
はたら

⑤ 世界の果てまで旅をしたい。
せかい　　　　　たび

⑥ いろいろな果実酒を作る。
つく

⑦ 2月の節分の日に豆をまく。
がつ　せつぶん　ひ

⑧ 大豆からしょう油みそが作られる。
だいず　　　　　ゆ　　　　つく

⑨ 低カロリーの豆ふでダイエットする。
てい

⑩ 缶コーヒーを飲んで一休みする。
の　　　　ひとやす

①		②		③		④		⑤	

⑥	じつ	⑦		⑧		⑨		⑩	

◆ 漢字を書きましょう
かんじ　か

① なまやさいのサラダを食べる。
た

② 家庭さいえんでトマトを育てる。
かてい　　　　　　　　　　そだ

③ 持っていたお金を使いはたした。
も　　　　　かね　つか

④ アンケートのけっかを集計する。
しゅうけい

⑤ コーヒーまめをブレンドする。

⑥ なっとうのにおいが苦手な人は多い。
にがて　ひと　おお

⑦ コンビニでかんチューハイを買う。
か

⑧ かんづめを使うと料理もかん単だ。
つか　　りょうり　　　たん

①		②		③		④ 結 けっ	

⑤		⑥ なっ		⑦		⑧	づめ

数え方
かぞ かた

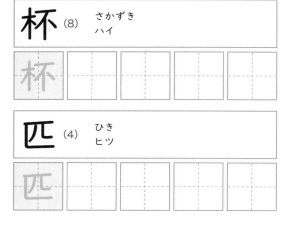

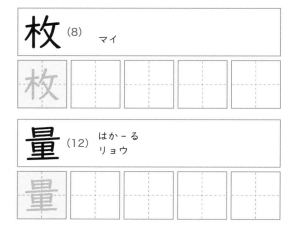

杯 (8)	さかずき ハイ

枚 (8)	マイ

匹 (4)	ひき ヒツ

量 (12)	はか－る リョウ

◆ 漢字を読みましょう
かんじ よ

① 杯にお酒をなみなみと注ぐ。
さけ そそ

② カップ二杯の水をなべに入れる。
みず

③ 一杯飲んでから帰ることにする。
の かえ

④ 二人の幸せを願って乾杯した。
ふたり しあわ ねが い

⑤ コピーの枚数を数える。
かぞ

⑥ 魚を一匹使った料理を作る。
さかな つか りょうり つく

⑦ 彼の料理はプロに匹敵する。
かれ りょうり

⑧ 体重を量ったら少しふえていた。
たいじゅう すこ

⑨ 軽量の折りたたみ自転車を買った。
お じてんしゃ か

⑩ おかし作りは計量がポイントだ。
づく

①	②	③	④ かん	⑤
⑥	⑦　　　てき	⑧	⑨	⑩

◆ 漢字を書きましょう
かんじ か

① コーヒーをなんばいも飲んだ。
の

② さとうをスプーンいっぱい分入れる。
ぶん い

③ ステーキ用の肉をにまい焼く。
よう にく や

④ 魚をさんまいにおろす。
さかな

⑤ 千円札じゅうまいにりょうがえする。
せんえんさつ

⑥ ねこをにひきかっている。

⑦ 「さんびきの子ぶた」の物語を読む。
こ ものがたり よ

⑧ スプーンで塩やしょう油をはかる。
しお ゆ

①	②	③	④
⑤	⑥	⑦	⑧

2章　復習
ふくしゅう

1. 漢字の読み方を書いてください。
かんじ　よ　かた　か

① 暑くなったり寒くなったり、気温の変化がはげしい。
あつ　　　　さむ　　　　　　きおん　へんか

② 今日は特に冷えるので、手袋・マフラーが必要です。
きょう　とく　ひ　　　　てぶくろ　　　　　　ひつよう

③ 荷物をたくさん運んで力を使い果たした。
にもつ　　　　はこ　ちから　つか　は

④ 仕事帰りにちょっと一杯飲む。
しごとがえ　　　　　　　いっぱいの

⑤ ダイエットのために毎日体重を量っている。
まいにちたいじゅう　はか

⑥ 友達の結婚祝いに、食器セットをおくった。
ともだち　けっこんいわ　　　しょっき

⑦ 卵の黄身だけをボールに入れてください。
たまご　きみ　　　　　　　　い

⑧ チョコレートケーキに粉のさとうをかけて、かざる。
こな

⑨ 肉だけでなく野菜もしっかり食べてください。
にく　　　　　やさい　　　　　　た

⑩ 大豆はダイエットにいい食べ物で、女性に人気だ。
だいず　　　　　　　　　た　もの　じょせい　にんき

① 　
② 　
③ 　
④ 　
⑤ 　
⑥ 　
⑦ 　
⑧ 　
⑨ 　
⑩ 　

2. 漢字を書いてください。
かんじ　か

① スープがあつくて、なかなか飲めない。
の

② のどがかわいたので、つめたいジュースを飲んだ。
の

③ あたたかい飲み物を飲んで、リラックスする。
の　もの　の

④ 五千円を千円札5まいにりょうがえしてもらう。
ごせんえん　せんえんさつ

⑤ 日にやけた顔で、海外旅行から帰って来た。
ひ　　　　かお　かいがいりょこう　かえ　き

⑥ クッキーを星やハートのかたで作った。
ほし　　　　　　　　つく

⑦ せが高くなるように毎日ぎゅうにゅうを飲んでいる。
たか　　　　　　まいにち　　　　　　　の

⑧ スーパーで夕食のメニューのざいりょうを買う。
ゆうしょく　　　　　　　　　　　　か

⑨ けんこうを考えて、えんぶんをとりすぎないようする。
かんが

⑩ 地震や台風のときを考えて、かんづめを準備する。
じしん　たいふう　　　かんが　　　　　　　じゅんび

① 　
② 　
③ 　
④ 5
⑤ 　
⑥ 　
⑦ 　
⑧ 　
⑨ 　
⑩ 　　　　　づめ

【１】次の文の下線をつけた言葉の読み方を①～④の中から選び、番号を書いてください。

１．冷やしたビールを一気に飲んだ。
　　①ひやした　　　　②つめやした　　　　③さまやした　　　　④ひえやした

２．海に近いこの町では、どこの家でも魚の干物を作っている。
　　①かんぶつ　　　　②ひもの　　　　　　③ひぶつ　　　　　　④かんもの

３．引っこしと同時に、新しい食器のセットを買った。
　　①しょくき　　　　②たき　　　　　　　③たうつわ　　　　　④しょっき

４．入浴中に国の親から電話がかかってきた。
　　①にゅよく　　　　②いりよく　　　　　③じんよく　　　　　④にゅうよく

５．きっさ店で、ココアを一杯飲みながら本を読んですごす。
　　①いちはい　　　　②いっはい　　　　　③いっぱい　　　　　④いちぱい

1.	2.	3.	4.	5.

【２】次の文の下線をつけた言葉の漢字を①～④の中から選び、番号を書いてください。

１．必ず授業のよしゅうをしてきてください。
　　①子習　　　　　　②予習　　　　　　　③世習　　　　　　　④代習

２．急いで飲んだコーヒーがあつくて、したをやけどしてしまった。
　　①暑くて　　　　　②温くて　　　　　　③熱くて　　　　　　④厚くて

３．パソコンがかたまったので再きどうさせた。
　　①気動　　　　　　②期動　　　　　　　③機動　　　　　　　④起動

４．パーティーをするため、スーパーへしょくざいの買い出しに行く。
　　①食材　　　　　　②食枚　　　　　　　③食菜　　　　　　　④食才

５．道に落ちていたさいふをひろって、交番にとどけた。
　　①捨って　　　　　②打って　　　　　　③拾って　　　　　　④折って

1.	2.	3.	4.	5.

【3】①～⑳の下線部の漢字または読み方を書いてください。

休みの日の楽しみ方

　休みの日、私は①早起きする。起きて、コップ②一杯の水を飲んだら、42℃ぐらいの③あついシャワーを④浴びる。この⑤おんどは目がさめるし、気分もリフレッシュできていい。シャワーの前に１週間分の洋服を⑥洗濯機に入れる。⑦せんざいを入れてスイッチを押すだけだから、とてもかん単だ。シャツやタオルを⑧なんまいも⑨干すのは大変だけど、天気がいい日は気分がいい。

　次の楽しみは、ゆっくり朝ご飯を食べることだ。ベランダで育てている⑩やさいでサラダを作ったり、⑪果物でジュースを作ったりする。コーヒーは⑫豆から⑬こなにしたあと、⑭おゆを少しずつ入れる。このときのコーヒーのかおりが好きだ。そして、朝ご飯を食べながら一日の⑮よていを考える。
休みのときは、よくケーキやクッキーを⑯焼く。

　そして、一番の楽しみは、夜、⑰かんビールを飲みながら⑱食事をしたり、かっている⑲二匹のねことあそんで、ゆっくりすごすことだ。この時間はとても大切だ。この時間があるから、⑳翌週からもがんばれる。

①	②	③	④
⑤	⑥　　　　　き	⑦　　　　剤	⑧
⑨	⑩	⑪	⑫
⑬	⑭	⑮	⑯
⑰	⑱	⑲	⑳

【1】Ⓐ と Ⓑ を組み合わせて、漢字を作ってください。
く あ かん じ つく

Ⓐ	Ⓑ
扌 代 羽 扌 木	立 合 衣 不 舎

1. 大学を卒業した □ 年、カナダに留学した。
だいがく そつぎょう　　　とし　　　　　りゅうがく

2. おつかれ様。まずはみんなで乾 □ しよう。
さま　　　　　　　　　　　かん

3. 落としたさいふを親切な人が □ ってくれた。
お　　　　　しんせつ ひと

4. スーパーに行くとき、いつも買い物 □ を持って行く。
い　　　　　　　か もの　　　　　もい

5. ここはゴミを □ てる所じゃありません。あそこです。
ところ

【2】会話の言葉を考えて、□ に漢字を書いてください。
かい わ ことば かんが　　　　かん じ か

A：日本の ① 生 □ はどうですか。
に ほん

B：そうですね。日本に来るまで家族といっしょだったので、② □ ぼうしないように起き
　にほん く かぞく　　　　　　　　　　　　　　　　　お

　たり、自分で朝・昼・晩、③ 食 □ を作ったりするのが大変です。
　じぶん あさ ひる ばん　　　　　　つく　　　　　たいへん

　それから、もうなれましたが、④ □ えるゴミと ⑤ □ えないゴミを分けるルール
　　　　　　　　　　　　　　　　　　　　　　　　　　　　　　わ

　がむずかしかったです。

　今もゴミを ⑥ □ てるとき、ときどき同じアパートの友達に聞いて教えてもらいます。
　いま　　　　　　　　　　　　おな　　　　　ともだち き おし

A：友達は親切ですね。
　ともだち しんせつ

B：はい。日本に来てからの友達で、今週の ⑦ 土 □ 日 、二人であそびに行く
　　にほん き ともだち こんしゅう　　　　　　　ふたり　　　い

　⑧ 予 □ なんですよ。

【３】下から漢字をえらんで□に入れて言葉を作って、（　　　）に
読み方を書いてください。

１．田中　１週間がんばったから、金曜日の夜は、やっぱり□たいビールだね。
（　　　　　）

２．川本　ビールに合うおつまみと言えば、えだ□と生野□のスティック、あとは□き魚かな。
（　　　　　）（　　　　　）（　　　　　）

３．石井　あー残業でつかれちゃった。コンビニで□チューハイでも買って帰ろう。
（　　　　　）

４．上田　週□、飲み会にさそわれたけど、用□があって行けない。残念…。
（　　　　　）（　　　　　）

５．松下　ビールを飲んだあとはラーメンが食べたくなる。特に□味。
（　　　　　）

| 菜　焼　熱　事　塩　缶　豆　冷　末 |

【４】□から言葉を選んで（　　　）に書き、レシピをかん成させてください。

■（①　　　）：

～いちごのショートケーキ～

<スポンジ>　（②　　　）２こ、（③　　　）60グラム、さとう60グラム、
バター20グラム、（④　　　）大さじ１、バニラオイル少々

<デコレーション>　生クリーム 3/4 カップ、さとう20グラム、
いちご200グラム、ホワイトキュラソー大さじ１

※ない場合は、ほかの（⑤　　　）を使う。

■作り方：

<スポンジ>
①小麦粉、さとう、バターを（⑥　　　）。小麦粉とさとうはふるっておく。
②ボールに卵を入れ、さとうもくわえて、まぜる。
③牛乳、バニラオイル、バターを入れてさらにまぜる。
④生地を（⑦　　　）に入れたら、オーブンで約10分（⑧　　　）。
　　　　　※前もって200（⑨　　　）に（⑩　　　）。
⑤スポンジが焼けたら、しばらく冷ます。

<デコレーション>
⑥ボールに材料を入れてあわ立てて、ホイップクリームを作る。
⑦スポンジの間に切ったいちごをならべ、ケーキ全体にホイップクリームをぬる。
⑧ケーキにいちごをかざる。かん成！

| 型　卵　度　材料　小麦粉　牛乳　果物　焼く　温める　量る |

体
からだ

Body
身体
Cơ thể

頭 (16)	あたま かしら トウ ズ ト
頭	

顔 (18)	かお ガン
顔	

首 (9)	くび シュ
首	

鼻 (14)	はな ビ
鼻	

◆ 漢字を読みましょう
かんじ よ

① 頭をドアにぶつけた。

② グループの先頭に立って歩く。
せんとう た ある

③ 社長が年頭のあいさつをした。
しゃちょう

④ 教頭先生にあいさつする。
きょうとうせんせい

⑤ 朝起きてすぐに顔を洗う。
あさお かお あら

⑥ 寝ちがえて首が動かない。
ね くび うご

⑦ 漢字の部首を覚える。
かんじ ぶ おぼ

⑧ かぜをひいて鼻水が出る。
はなみず で

⑨ 鼻がつまって、においがわからない。
はな

⑩ 耳の調子が悪く、耳鼻科へ行く。
みみ ちょうし わる じびか い

①	②	③	④	⑤

⑥	⑦	⑧	⑨	⑩

◆ 漢字を書きましょう
かんじ か

① 先生とこうとう試験の練習をする。
せんせい しけん れんしゅう

② 名前のかしらもじを書く。
なまえ か

③ 田中さんはいつもえがおだ。
たなか

④ 山田さんはどうがんだ。
やまだ

⑤ 病気でかおいろが悪い。
びょうき わる

⑥ 会社をくびになる。
かいしゃ

⑦ 新しいしゅしょうにかわる。
あたら

⑧ かぜをひいてはなごえだ。

①	②	③ 笑 え	④ 童 どう

⑤	⑥	⑦　　　　　相 しょう	⑧

とくべつな言葉……音 頭
おんどう・おんど

呼吸
こ きゅう

Breath
呼吸
Hô hấp

呼 (8)	よ-ぶ コ

呼				

吸 (6)	す-う キュウ

吸				

息 (10)	いき ソク

息				

汗 (6)	あせ カン

汗				

◆ 漢字を読みましょう
かんじ よ

① 名前を呼んだら返事をしてください。
② 火事に気づいて大声で助けを呼ぶ。
③ ここでタバコを吸わないでください。
④ 深呼吸すると気持ちが落ち着く。
⑤ 新せんな空気を吸う。
⑥ 休息の時間をたっぷり取る。
⑦ 急に走ったので息が切れた。
⑧ びっくりして息が止まるかと思った。
⑨ 借りたお金の利息をはらう。
⑩ たくさん運動して汗をかいた。

①	②	③	④ しん	⑤
⑥	⑦	⑧	⑨	⑩

◆ 漢字を書きましょう
かんじ か

① 手をあげてタクシーをよぶ。
② こきゅうが苦しい。
③ そうじきで部屋のゴミをすい取る。
④ いきをはいたらガラスがくもった。
⑤ この部屋はせまくていきぐるしい。
⑥ きんちょうしてあせが出る。
⑦ はずかしくてひやあせをかいた。
⑧ からい食べ物にははっかん作用がある。

①	②	③	④
⑤　　苦しい	⑥	⑦	⑧

検査
けんさ

Inspection
检查
Kiểm tra

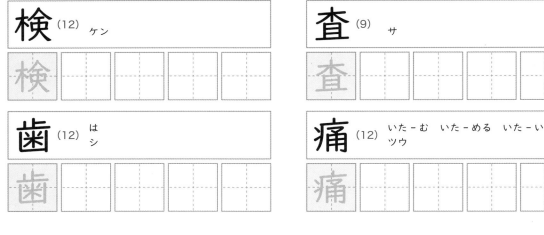

検 (12) ケン

査 (9) サ

歯 (12) は シ

痛 (12) いた-む　いた-める　いた-い ツウ

◆ 漢字を読みましょう
かんじ　　よ

① 出かける前にガスを点検する。
　で　　　　まえ　　　　　てんけん

② 子どものころ山の中を探検した。
　こ　　　　　　やま　なか　たんけん

③ 病気を調べるために検査する。
　びょうき　しら　　　　　　けんさ

④ 審査員にスピーチをほめられた。
　しんさいん

⑤ １さいをすぎてから歯が生えてきた。
　　　　　　　　　　　　は　は

⑥ 虫歯で顔がはれた。
　むしば　かお

⑦ 永久歯に生え変わる。
　えいきゅうし　は　か

⑧ クリニックで歯石をとってもらう。
　　　　　　　しせき

⑨ おなかが痛くて病院へ行く。
　　　　　いた　びょういん　い

⑩ 朝から頭痛で薬を飲んだ。
　あさ　　ずつう　くすり　の

① てん	② たん	③	④ しん　　いん	⑤
⑥	⑦ えいきゅう	⑧	⑨	⑩

◆ 漢字を書きましょう
かんじ　　か

① けんさの結果が出る。
　　　　　けっか　で

② 会議でけんとうしてから決める。
　かいぎ　　　　　　　　　　き

③ ネットのアンケートちょうさに答える。
　　　　　　　　　　　　　　こた

④ 近所のしか医院に通う。
　きんじょ　　いいん　かよ

⑤ はぐきがはれて赤くなっている。
　　　　　　　あか

⑥ 寒さでひざがいたむ。
　さむ

⑦ やることが多くて頭がいたい。
　　　　　　おお　あたま

⑧ 毎日同じ仕事をするのはくつうだ。
　まいにちおな　しごと

①	② 討 とう	③ 調 ちょう	④
⑤ ぐき	⑥	⑦	⑧ 苦 く

けが

Injury
伤
Vết thương

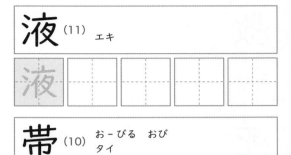

血 (6) ち ケツ

液 (11) エキ

包 (5) つつ－む ホウ

帯 (10) お－びる おび タイ

◆ 漢字を読みましょう

① 道で転んで、ひざから血が出た。

② 血管がつまる病気になる。

③ ハンカチで強くおさえて止血する。

④ 赤血球の量を調べる。

⑤ 病院で血液検査を受けた。

⑥ 液体は飛行機に持ちこめない。

⑦ プレゼントを包んでもらう。

⑧ けがをしたところを包帯でまく。

⑨ 東北地方一帯に大雨が降った。

⑩ 着物に合わせた帯をしめる。

①	② かん	③	④ きゅう	⑤
⑥	⑦	⑧	⑨	⑩

◆ 漢字を書きましょう

① ちがついたナイフが発見された。

② 鼻からのしゅっけつが止まらない。

③ 自分のけつえきがたを調べる。

④ 彼はけっしょくのいい顔をしている。

⑤ 洗濯にえきたい洗剤を使う。

⑥ 郵便局でこづつみを送る。

⑦ けがが治ったのでほうたいをとる。

⑧ ここは工業ちたいでトラックが多い。

①	②	③	④
⑤	⑥	⑦	⑧

救急

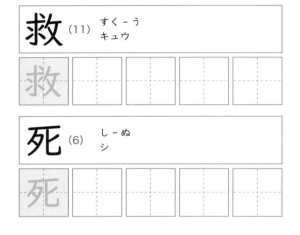

救 (11)　すく－う
　　　　キュウ

死 (6)　し－ぬ
　　　　シ

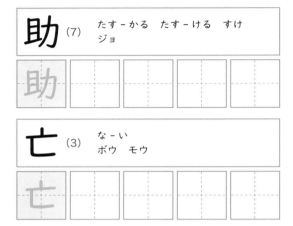

助 (7)　たす－かる　たす－ける　すけ
　　　　ジョ

亡 (3)　な－い
　　　　ボウ　モウ

◆ 漢字を読みましょう

① 燃える火の中から人を救う。
③ 池に落ちた子どもが救出された。
⑤ 困っている人を助ける。
⑦ 海でおぼれている人を救助する。
⑨ 友達が交通事こで亡くなった。

② 救急車で病院に運ばれる。
④ この病気は手術をすれば助かる。
⑥ 仕事について先ぱいに助言をもらう。
⑧ 川でおぼれて死にそうになった。
⑩ 父は３年前、病死した。

①	②	③	④	⑤
⑥	⑦	⑧	⑨	⑩

◆ 漢字を書きましょう

① あの人は私のいのちをすくってくれた。
③ 道に迷ったお年よりをたすけた。
⑤ ペットがしんで一日中泣いた。
⑦ 外国へぼうめいする。

② 遠足にきゅうきゅうばこを持っていく。
④ ほじょきんを使って家を建てた。
⑥ がんでしぼうする人がふえている。
⑧ はん人グループが外国へとうぼうした。

①	② 　　　　箱	③	④ 補
⑤	⑥	⑦ 　　　　命	⑧ 逃

とくべつな言葉……　助だち

36

3章　復習
ふくしゅう

1. 漢字の読み方を書いてください。
かんじ　　よ　かた　　か

① 田中さんは頭がよくて運動もできる。　　①
　たなか　　あたま　　　　うんどう

② 朝起きたら首が動かなかった。　　②
　あさお　　くび　うご

③ 一日中歩いていたので足が痛くなった。　　③
　いちにちじゅうある　　　　あし　いた

④ 長時間走って呼吸が苦しくなった。　　④
　ちょうじかんはし　こきゅう　くる

⑤ 耳の調子がよくないので耳鼻科に行った。　　⑤
　みみ　ちょうし　　　　じびか　　い

⑥ ランニングをして、たくさん汗をかいた。　　⑥
　　　　　　　　　　　　　あせ

⑦ ひざにまいていた包帯がようやく取れた。　　⑦
　　　　　　　　　ほうたい　　　　と

⑧ 指先をちょっと切っただけなのに出血が止まらない。　　⑧
　ゆびさき　　　　き　　　　　　しゅっけつ　と

⑨ この辺りは死亡事こが多いので気をつけてください。　　⑨
　　あた　しぼうじ　　おお　　き

⑩ 道がわからず困っていたおばあさんを助けた。　　⑩
　みち　　　　こま　　　　　　　　　たす

2. 漢字を書いてください。
かんじ　か

① ずつうがひどいので会社を休んだ。　　①
　　　　　　　　かいしゃ　やす

② むしばを予防するには、歯みがきが大切だ。　　②
　　　　よぼう　　　は　　　　たいせつ

③ 今日はとても寒くて、はくいきが白かった。　　③
　きょう　　　さむ　　　　　　しろ

④ 山本さんのえがおを見ると幸せな気持ちになる。　　④ 笑
　やまもと　　え　　　み　しあわ　きも　　　　　　え

⑤ かぜをひいたのか今朝からはなごえだ。　　⑤
　　　　　　　けさ

⑥ けんさの結果、問題がないとわかって安心した。　　⑥
　　　けっか　もんだい　　　　　　あんしん

⑦ このいったいはビルがこわされて公園になる。　　⑦
　　　　　　　　　　　　こうえん

⑧ 山田さんと私のけつえきがたはＡ型だ。　　⑧
　やまだ　　わたし　　　　　　　がた

⑨ 毎月両親から仕送りがあるので生活がたすかる。　　⑨
　まいつきりょうしん　しおく　　　　せいかつ

⑩ 駅でたおれた人がきゅうきゅうしゃで運ばれた。　　⑩
　えき　　　ひと　　　　　　　はこ

交差点
こうさてん

Crossing
十字路口
Nút giao cắt (ngã ba, ngã tư)

角	(7)	かど　つの カク

角				

曲	(6)	まーがる　まーげる キョク

曲				

折	(7)	おーる　おり　おーれる セツ

折				

路	(13)	じ ロ

路				

◆ 漢字を読みましょう
かんじ　よ

① 次の角を曲がってください。
つぎ　　　　ま

② この牛は大きな角を持っている。
うし　おお　　　　も

③ 分度器をつかって角度をはかる。
ぶんどき

④ 名曲を集めたＣＤを買った。
めいきょく　あつ　　　　　　か

⑤ こしが痛くて曲がらない。
いた

⑥ あそこの信号を右折する。
しんごう　うせつ

⑦ ふとんを三つ折にする。
み　お

⑧ 転んで前歯を折った。
ころ　まえば　お

⑨ この水路は今でも使われている。
すいろ　いま　つか

⑩ 仕事が終わって家路につく。
しごと　お　　　　いえじ

①	②	③	④	⑤

⑥	⑦	⑧	⑨	⑩

◆ 漢字を書きましょう
かんじ　か

① 机のかどに足をぶつけた。
つくえ　　　　あし

② 家のほうがくからけむりが見える。
いえ　　　　　　　　　　　　　み

③ ピアノでバッハのきょくをひく。

④ 最後まで自分の考えをまげない。
さいご　　じぶん　かんが

⑤ 台風で木のえだがおれた。
たいふう　き

⑥ 交差点をさせつする。
こうさてん

⑦ つうろに荷物があって通りにくい。
にもつ　　とお

⑧ どうろがこんでいる。

①	②	③	④

⑤	⑥	⑦	⑧

事こ

Accident
事故
Tai nạn

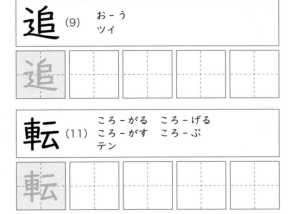

追 (9)	お－う ツイ

突 (8)	つ－く トツ

転 (11)	ころ－がる　ころ－げる ころ－がす　ころ－ぶ テン

倒 (10)	たお－れる　たお－す トウ

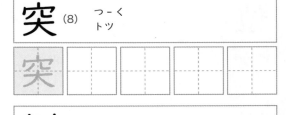
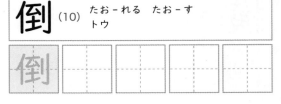

◆ 漢字を読みましょう

① ねこがねずみを追う。

② 毎日、仕事に追われている。

③ 前の車に追突した。

④ 大きなもりで魚を突く。

⑤ 突然、子どもが車の前に飛び出した。

⑥ ボールが坂道を転がる。

⑦ 足がすべって階段から転げ落ちた。

⑧ 石につまずいて転ぶ。

⑨ 雪道で転倒してけがをした。

⑩ グラスを倒してワインがこぼれた。

①	②	③	④	⑤

⑥	⑦	⑧	⑨	⑩

◆ 漢字を書きましょう

① 母の後を子どもがおう。

② 試験日に休んだのでついしを受ける。

③ とっぷうがふいて木が折れた。

④ バイクが電柱にしょうとつする。

⑤ サイコロをころがす。

⑥ じてんしゃで通学する。

⑦ 貧血でたおれる。

⑧ 会社がとうさんする。

①	②	③	④ 衝 しょう

⑤	⑥	⑦	⑧ 　　　　　さん

位置

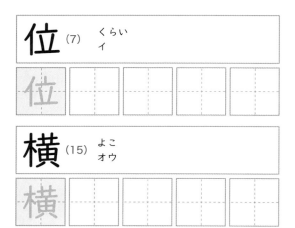

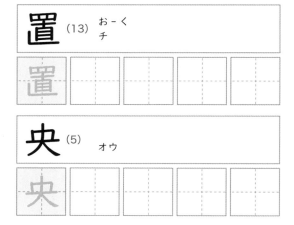

位 (7) くらい　イ

置 (13) お‐く　チ

横 (15) よこ　オウ

央 (5) オウ

◆ 漢字を読みましょう

① 北海道は日本の北部に位置している。
ほっかいどう　にほん　ほくぶ

② マラソンで日本選手が上位をしめる。
にほんせんしゅ

③ 国王の位をゆずる。
こくおう

④ 部屋にソファーを置く。
へ や

⑤ 電車にかばんを置き忘れた。
でんしゃ　　　　　　わす

⑥ 駅の自転車置き場を利用する。
えき　じてんしゃ　　ば　りよう

⑦ 強風でトラックが横転した。
きょうふう

⑧ 彼女の横顔はとてもきれいだ。
かのじょ

⑨ 手紙を横書きで書いた。
て がみ　　　　か

⑩ 町の中央に大きな公園がある。
まち　　おう　おお　こうえん

①	②	③	④	⑤
⑥	⑦	⑧	⑨	⑩

◆ 漢字を書きましょう

① スピーチ大会でいちいになった。
たいかい

② 会社で重要なちいにつく。
かいしゃ　じゅうよう

③ 一のくらいを四捨五入する。
いち　　　　　ししゃごにゅう

④ 公園にブランコをせっちする。
こうえん

⑤ テーブルのまん中に花びんをおく。
なか　か

⑥ 山田さんのよこに座る。
やまだ　　　　　すわ

⑦ おうだん歩道をわたりましょう。
ほどう

⑧ ちゅうおうアジアを旅行した。
りょこう

①	②	③	④ 設
			せっ
⑤	⑥	⑦ 断	⑧
		だん	

高速道路 1
こうそくどうろ

Expressway 1
高速公路 1
Đường cao tốc 1

直 (8)	ただ－ちに　なお－す　なお－る チョク　ジキ

直					

線 (15)	セン

線					

逆 (9)	ギャク さか　さか－らう

逆					

側 (11)	がわ ソク

側					

◆ 漢字を読みましょう
かんじ　よ

① 自転車のパンクを直す。
じてんしゃ

② 寝る直前にマッサージする。
ね

③ 彼は正直な人だ。
かれ　　　　ひと

④ 直ちに現場に向かってください。
げんば

⑤ 東京の地下鉄の路線図はふくざつだ。
とうきょう　ちかてつ

⑥ 教科書に線を引く。
きょうかしょ　　ひ

⑦ 先生の言うことに逆らう。
せんせい　い

⑧ 逆子で生まれる。
う

⑨ 立場が逆になる。
たちば

⑩ 川の向こう側にわたる。
かわ　む

①	②	③	④	⑤
⑥	⑦	⑧	⑨	⑩

◆ 漢字を書きましょう
かんじ　か

① この道は日本一長いちょくせん道路だ。
みち　にほんいちなが　　　　　　どうろ

② こわれたコピー機がなおった。

③ 家を出たちょくご、雨が降り出した。
いえ　で　　　　　　あめ　ふ　だ

④ ローカルせんに乗る。
の

⑤ 親にさからって一人ぐらしをする。
おや　　　　　　　ひとり

⑥ 残り時間1分でぎゃくてんした。
のこ　じかん　ぷん

⑦ 山川さんのみぎがわにすわる。
やまかわ

⑧ 友人の意外なそくめんを知る。
ゆうじん　いがい　　　　　　し

①	②	③	④
⑤	⑥	⑦	⑧　　　　面 めん

とくべつな言葉……素直
すなお

41

注	(8)	そそ－ぐ チュウ

注				

意	(13)	イ

意				

橋	(16)	はし キョウ

橋				

進	(11)	すす－む　すす－める シン

進				

◆ 漢字を読みましょう
かんじ　よ

① コップに水を注いで飲む。
みず　　の

② 車に注意して道をわたる。
くるま　　　　みち

③ 新人作家に注目する。
しんじんさっか

④ 漢字の意味を調べる。
かんじ　　　しら

⑤ 留学を決意する。
りゅうがく

⑥ 大雨で橋が流された。
おおあめ　　　なが

⑦ 石橋をたたいてわたる。

⑧ 予定通り工事を進める。
よていどお　こうじ

⑨ 来年大学院に進学するつもりだ。
らいねんだいがくいん

⑩ 科学技術は進歩している。
かがくぎじゅつ

①	②	③	④	⑤ けつ

⑥	⑦	⑧	⑨	⑩

◆ 漢字を書きましょう
かんじ　か

① 先生からちゅういされた。
せんせい

② 子どもに愛情をそそぐ。
こ　　　あいじょう

③ 料理をちゅうもんする。
りょうり

④ 反対いけんを言う。
はんたい　　　　い

⑤ 山川さんはいがいに料理が上手だ。
やまかわ　　　　　　　りょうり　じょうず

⑥ 列車がてっきょうを渡る。
れっしゃ　　　　　　わた

⑦ 新しくほどうきょうが設置された。
あたら　　　　　　　　　せっち

⑧ 自分のしんろを考える。
じぶん　　　　　　かんが

①	②	③	④

⑤	⑥	⑦	⑧

4章　復習
ふくしゅう

1. 漢字の読み方を書いてください。
かんじ　よ　かた　か

① 横になってテレビを見ていたら、ねむくなった。　　①
み

② 新しい商品の開発に全力を注いだ。　　②
あたら　しょうひん　かいはつ　ぜんりょく

③ 駅の向こう側にたくさんのマンションがある。　　③
えき　む

④ あの橋は 30 年前に造られた。　　④
ねんまえ　つく

⑤ バイクとぶつかって、足のほねを折ってしまった。　　⑤
あし

⑥ 50 年前とくらべると、女性の地位は向上した。　　⑥
ねんまえ　じょせい　こうじょう

⑦ カギはテーブルの上に置いてある。　　⑦
うえ

⑧ 村の中央には大きな教会がある。　　⑧
むら　おお　きょうかい

⑨ やく員は直ちに社長室に集まってください。　　⑨
いん　しゃちょうしつ　あつ

⑩ 試合が終わる 3 分前に、味方チームが逆転した。　　⑩
しあい　お　ぶんまえ　みかた

2. 漢字を書いてください。
かんじ　か

① 次の信号を右にまがってください。　　①
つぎ　しんごう　みぎ

② 彼は自分のミスをしょうじきにみとめた。　　②
かれ　じぶん

③ 子どもが泣きながら母の後をおう。　　③
こ　な　はは　あと

④ 知らない人からとつぜん電話がかかってきた。　　④
し　ひと　でんわ

⑤ つくえのかどに手をぶつけた。　　⑤
て

⑥ 来春、大学院にしんがくするつもりだ。　　⑥
らいしゅん　だいがくいん

⑦ 電車の中でさわぐ子どもをちゅういした。　　⑦
でんしゃ　なか　こ

⑧ 台風でさくらの木がたおれてしまった。　　⑧
たいふう　き

⑨ 庭のみなみがわに花を植えた。　　⑨
にわ　はな　う

⑩ テキストの大切なところにせんを引く。　　⑩
たいせつ　ひ

3・4章 アチーブメントテスト

【1】次の文の下線をつけた言葉の読み方を①〜④の中から選び、番号を書いてください。

1. ワインを友達にプレゼントするため、店員にきれいに包んでもらった。
   ①まくんで　　②つずんで　　③つつんで　　④たたんで

2. 私にとって彼は、危ないところを救ってくれた大切な人だ。
   ①たすって　　②すぐって　　③きゅうって　　④すくって

3. 自分の進む道について、先生に相談した。
   ①すすむ　　②あゆむ　　③すうむ　　④しんむ

4. 汗をかいたのでシャワーを浴びた。
   ①かん　　②あわ　　③あえ　　④あせ

5. 京都はおおさかの北に位置している。
   ①いし　　②いち　　③くらいち　　④いおき

1.	2.	3.	4.	5.

【2】次の文の下線をつけた言葉の漢字を①〜④の中から選び、番号を書いてください。

1. となりのホームに友達がいたので、大きく手をふってよんだ。
   ①読んだ　　②吸んだ　　③呼んだ　　④鳴んだ

2. 高熱が出たので、インフルエンザのけんさをした。
   ①検査　　②元査　　③研査　　④見査

3. たくさんの人の前に立ってかおがまっ赤になった。
   ①頭　　②首　　③面　　④顔

4. けんこうのため、じてんしゃで会社に通っている。
   ①自転車　　②自電車　　③自動車　　④地点車

5. 気分が悪かったので少しよこになって休んだ。
   ①横　　②黄　　③予後　　④意

1.	2.	3.	4.	5.

【3】①〜⑳の下線部の漢字または読み方を書いてください。

朝のニュース

おはようございます。朝7時のニュースをお伝えします。

昨夜、都内の高速①どうろで乗用車がトラックに②追突しました。

現場は見通しのよい③ちょくせんで、トラックのスピードの出しすぎが原因と見られています。この事こで乗用車が④おうてんし、ドライバーは体を強く打ち、足のほねを⑤折って、病院に運ばれました。現場は⑥かた側⑦一車線になっていますので、⑧ちゅういしてください。

　次のニュースです。

今朝、横浜市の民家で火事がありました。住民3人が⑨救助され、病院に運ばれました。⑩助け出された3人のうち、ひとりは⑪かおにやけどをおい、ふたりは⑫息がなく病院で⑬しぼうがかくにんされました。

火事の原因は、住民の⑭ふちゅういと見られています。

　最後のニュースです。

アイドルグループ CRA の田中さんが、昨夜、六本木の⑮路上で男になぐられたそうです。田中さんは⑯てんとうし、⑰はが折れ、⑱鼻から⑲しゅっけつしました。病院で⑳検査しているところです。

①	②	③	④
⑤	⑥	⑦	⑧
⑨	⑩	⑪	⑫
⑬	⑭	⑮	⑯
⑰	⑱	⑲	⑳

【１】絵(え)を見て漢字(かんじ)を書(か)きましょう。

① □
② □
③ □
④ □
⑤ □

【２】（　　　　）の中(なか)にカタカナの読(よ)み方(かた)をする漢字(かんじ)を書(か)いてください。

１．オウ　　①公園(こうえん)の中(ちゅう)（　　　　）に大(おお)きな池(いけ)がある。

　　　　　　②雪道(ゆきみち)で車(くるま)が（　　　　）転(てん)した。

２．イ　　　①いろいろな（　　　　）見(けん)が聞(き)けて勉強(べんきょう)になった。

　　　　　　②テーブルの（　　　　）置(ち)をもう少(すこ)し右(みぎ)に動(うご)かしてください。

３．トウ　　①先(せん)（　　　　）の選手(せんしゅ)はもうゴールしたそうだ。

　　　　　　②転(てん)（　　　　）してひざをけがした。

４．キュウ　①海(うみ)でおぼれた子(こ)どもが（　　　　）助(じょ)された。

　　　　　　②高(たか)い山(やま)に登(のぼ)ったので呼(こ)（　　　　）が苦(くる)しい。

【3】 会話の（　　）に入る漢字一字を □ から選んで書いてください。
かいわ　　　　　　　　　　はい　かんじいちじ　　　　　　えら　　か

1．A ：昨日から、（　　　）が（　　　）くて、たくさん（　　　）が出るんです。
　　　きのう
　　医者：まず、体温を測ってみましょう。
　　いしゃ　　　　たいおん　はか

2．B ：ナイフで切って、（　　　）が止まらないんです。
　　　　　　　　　き　　　　　　　　　と
　　医者：それは大変、すぐに消どくして（　　　）（　　　）をまきましょう。
　　いしゃ　　　　たいへん　　　　しょう

3．C ：（　　　）がつまって、目がかゆいんです。
　　　　　　　　　　　　　　め
　　医者：そろそろ花粉の季節ですから、もしかすると…。
　　いしゃ　　　　かふん　きせつ

4．D ：よくめまいがするんです。朝、起きるのがつらいんです。
　　　　　　　　　　　　　　　　あさ　お
　　医者：まず、（　　　）液（　　　）（　　　）をしましょう。
　　いしゃ　　　　　　　えき

5．E ：（　　　）が（　　　）くて（　　　）がはれてしまって。
　　医者：口を開けて…あー、虫（　　　）ですね。
　　いしゃ　くち　あ　　　　　むし

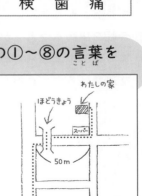

| 頭　歯　汗　血　包　鼻　帯　血　顔　査　痛　検　歯　痛 |

【4】 キムさんと田中さんが話しています。会話の中の①～⑧の言葉を
　　　　　　　　たなか　　　はな　　　　　　かいわ　なか　　　　　　　ことば
　　漢字で書いてください。
　　かんじ　か

田中： ねえ、今度の日曜日、うちに来るよね。
たなか　　　こんど　にちようび　　　　　く
　　　　地図を書いてきたから、ちょっと見て。
　　　　ちず　か　　　　　　　　　　　　み
キム： うん。ありがとう。

　　　　えーっと、ここが駅だよね。まずは北口を出て、
　　　　　　　　　　えき　　　　　　　きたぐち　て
　　　　まっすぐ①すすめばいいんだね。それから…

　　　　二つ目の②かどを右に③まがるのかな。
　　　　ふた　め　　　　　みぎ

田中： そうそう。そこの④どうろは車が多いから、⑤ちゅういしてね。⑥うせつしてから、
たなか　　　　　　　　　　　　　　くるま　おお

　　　　⑦ほどうきょうをわたって、⑧はんたいがわに行ったほうがいいよ。50メートル
　　　　　　　　　　　　　　　　　　　　　　　　　　い
　　　　ぐらい行くとスーパーが⑨ひだりがわにあるから、その交差点を左ね。
　　　　　　い　　　　　　　　　　　　　　　　　　　　　こうさてん　ひだり
キム：うん。だいたいわかった。

田中：もしわからなかったら、電話してね。
たなか　　　　　　　　　　　　　でんわ
キム：ありがとう。

①	②	③	④	⑤
⑥	⑦	⑧	⑨	

勝負
しょう ぶ

戦 (13)	たたか－う　いくさ セン

戦				

決 (7)	き－まる　き－める ケツ

決				

勝 (12)	か－つ　まさ－る ショウ

勝				

負 (9)	ま－ける　ま－かす　お－う フ

負				

◆ 漢字を読みましょう
かんじ　よ

① 次の試合でライバルと戦う。
つぎ　しあい

② 負け戦でも最後までがんばる。
さいご

③ プレゼンがうまくいくように、作戦を立てた。
た

④ 優勝決定戦は来週行われる。
ゆうしょう　らいしゅうおこな

⑤ 会社を辞める決意をかためた。
かいしゃ　や

⑥ 試合は私たちのチームの圧勝だった。
しあい　わたし

⑦ 実力は田中より木村が勝っている。
じつりょく　たなか　きむら

⑧ あっという間に勝負が決まった。
ま　き

⑨ 交通費は各自で負担してください。
こうつうひ　かくじ

⑩ 荷物を背負って歩く。
にもつ　ある

①	②	③	④	⑤

⑥ あっ	⑦	⑧	⑨　　　　たん	⑩ せ

◆ 漢字を書きましょう
かんじ　か

① 世界チャンピオンにちょうせんする。
せかい

② 苦しいたたかいをせいした。
くる

③ 日本への留学をけっしんした。
にほん　りゅうがく

④ たすうけつで旅行先をきめる。
りょこうさき

⑤ クラスのリーダーをきめる。

⑥ けっしょうで勝利した。
しょうり

⑦ 試合にまけてしまった。
しあい

⑧ 口げんかで相手をまかした。
くち　あいて

① 挑 ちょう	②	③	④

⑤	⑥	⑦	⑧

大会
たいかい

Competition
竞赛
Đại hội

代 (5) か−わる か−える よ しろ
ダイ タイ

表 (8) あらわ−れる あらわ−す おもて
ヒョウ

第 (11) ダイ

回 (6) まわ−る まわ−す
カイ エ

◆ 漢字を読みましょう
かんじ よ

① 父に代わって式に出た。
ちち　　　　しき　で

② 不調のAに代えてBを出場させた。
ふちょう　　　　　　しゅつじょう

③ デートの食事代は私がはらった。
わたし

④ かちょうの代理で会議に出る。
かい ぎ

⑤ 犯人に身の代金をわたした。
はんにん

⑥ アンケートの結果を表にまとめる。
けっか

⑦ 言葉で表せないくらい感動した。
ことば　　　　　　　　　　かんどう

⑧ 服の表示を確認してから、洗濯する。
ふく　　　　　かくにん　　　　せんたく

⑨ バスの回数券を買った。
か

⑩ 地球のまわりを月が回っている。
ちきゅう　　　　つき

①	②	③	④	⑤ みの
⑥	⑦	⑧　　　じ	⑨　　けん	⑩

◆ 漢字を書きましょう
かんじ か

① 学生じだいを思い出す。
がくせい　　　おも　だ

② けがをしたのでこうたいした。

③ うれしさが顔にあらわれている。
かお

④ 家のおもてから入る。
いえ　　　　　　はい

⑤ サッカーの日本だいひょうに選ばれた。
にほん　　　　　　　　えら

⑥ この会議にはまいかい社長も出席する。
かい ぎ　　　　　　しゃちょう　しゅっせき

⑦ こまをまわしてあそぶ。

⑧ だいいっかい大会は東京で行われた。
たいかい　とうきょう　おこな

①	②	③	④
⑤	⑥	⑦	⑧

とくべつな言葉‥‥‥八千代、回向院
やちよ　えこういん

記録 1
きろく

記 (10)	しる－す キ

記				

録 (16)	ロク

録				

優 (17)	すぐ－れる　やさ－しい ユウ

優				

賞 (15)	ショウ

賞				

◆ 漢字を読みましょう
かんじ　　よ

① 1日の出来事をノートに記す。
にち　てきごと

② 漢字を暗記する。
かんじ

③ 書類に必要なことを記入する。
しょるい　ひつよう

④ 英語のクラスに登録する。
えいご

⑤ コンサート中、録音をしてはいけない。
ちゅう

⑥ 好きなドラマを DVD に録画する。
す

⑦ 数学で優れた成績をとる。
すうがく　　せいせき

⑧ 初出場のチームが優勝した。
はつしゅつじょう

⑨ 仕事の優先順位をつける。
しごと　ゆうせんじゅんい

⑩ 大会で1位になり、賞状をもらった。
たいかい　い

①	②	③	④ とう	⑤
⑥	⑦	⑧	⑨	⑩　　　　じょう

◆ 漢字を書きましょう
かんじ　か

① 毎日にっきをつけている。
まいにち

② 事けんについての新聞きじを読む。
じ　　しんぶん　　よ

③ 旅行のきねんに茶わんを買った。
りょこう　　ちゃ　　か

④ 今回の大会で世界新きろくが出た。
こんかい　たいかい　せかいしん　で

⑤ 首相のインタビューをろくおんする。
しゅしょう

⑥ 私の姉はとてもやさしい人だ。
わたし　あね　　　　　　　ひと

⑦ 田中氏はノーベル賞をじゅしょうした。
たなかし　　　　　　しょう

⑧ スピーチ大会でしょうきんをもらった。
たいかい

①	②	③　　　　　念 ねん	④
⑤	⑥	⑦ 受 じゅ	⑧

記録 2
きろく

Record 2
记录 2
Ghi chép, kỷ lục2

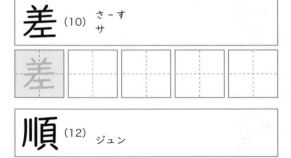

秒 (9)	ビョウ
秒				

差 (10)	さ－す サ
差				

測 (12)	はか－る ソク
測				

順 (12)	ジュン
順				

◆ 漢字を読みましょう
かんじ　よ

① 台風が毎秒 30 メートルで進む。
たいふう　　　　　　　　　　すす

② ビルのかん成まで秒読みに入った。
せい　　　　　　　はい

③ 夏は日差しが強い。
なつ　　　　　つよ

④ 中国と日本の時差は 1 時間だ。
ちゅうごく　にほん　じかん

⑤ 大人と子どもは体力に大きな差がある。
おとな　こ　　たいりょく　おお

⑥ 人を差別してはいけない。
ひと

⑦ 来年はどんな年になるか予測する。
らいねん　　　　とし

⑧ 来週、学校で体重測定がある。
らいしゅう　がっこう　たいじゅう

⑨ 数式を順序立てて説明する。
すうしき　　じゅん　だ　　せつめい

⑩ 自分の順番が来るまで待合室で待つ。
じぶん　　じゅんばん　く　　まちあいしつ　ま

①	②	③	④	⑤
⑥　　べつ	⑦	⑧	⑨　　じょ	⑩

◆ 漢字を書きましょう
かんじ　か

① 100 メートルを 10 びょうで走った。
はし

② びょうそく 10 メートルの風がふく。
かぜ

③ どの選手も実力はたいさなかった。
せんしゅ　じつりょく

④ 雨が止んで、日がさしてきた。
あめ　や　　ひ

⑤ 家を建てるため土地をそくりょうする。
いえ　た　　とち

⑥ スーツケースの重量をけいそくする。
じゅうりょう

⑦ 番号じゅんに席にすわってください。
ばんごう　　せき

⑧ てんこうふじゅんで作物が育たない。
さくもつ　そだ

①	②	③	④
⑤	⑥	⑦	⑧

野球
やきゅう

Baseball
棒球
Môn bóng chày

球	(11)	たま キュウ

球				

打	(5)	う－つ ダ

打				

投	(7)	な－げる トウ

投				

点	(9)	テン

点				

◆ 漢字を読みましょう
かんじ　よ

① 父に地球儀を買ってもらった。
ちち　　ちきゅうぎ　か

② 球技は何でもとくいだ。
きゅうぎ　なん

③ 打球は遠くまで飛んだ。
だきゅう　とお　　と

④ 転んで頭を強打した。
ころ　　あたま　きょうだ

⑤ 代打の選手がホームランを打った。
だいだ　せんしゅ　　　　　　　　う

⑥ このチームは投打ともに優れている。
とうだ　　　　すぐ

⑦ 新聞社に投書を送った。
しんぶんしゃ　とうしょ　おく

⑧ 苦手な英語に重点を置いて勉強する。
にがて　えいご　じゅうてん　お　　べんきょう

⑨ 勉強をがんばって試験で満点を取った。
べんきょう　　　　　　　しけん　まんてん　と

⑩ その試合で彼は5打点をあげた。
しあい　かれ　　だてん

①	ぎ	②	ぎ	③		④		⑤	

⑥		⑦		⑧		⑨		⑩ ご	

◆ 漢字を書きましょう
かんじ　か

① 高校生の時、やきゅうぶに入っていた。
こうこうせい　とき　　　　　　　　はい

② 大事な試合でヒットをうった。
だいじ　しあい

③ 山田とうしゅは球が速い。
やまだ　　　　　たま　はや

④ 川に向かって小石をなげた。
かわ　む　　　こいし

⑤ 試合はどうてん引き分けに終わった。
しあい　　　　　　ひ　わ　　お

⑥ 駅に近いのがこの店のりてんだ。
えき　ちか　　　　　　みせ

⑦ テストのてんすうが悪かった。
わる

⑧ 車に気をつけてこうさてんをわたる。
くるま　き

①	②	③	④

⑤	⑥	⑦	⑧

5章 復習
ふくしゅう

1. 漢字の読み方を書いてください。

① 試合に勝って、チームのみんなで喜んだ。　①

② 大学生が100メートル走で日本新記録を出した。　②

③ 好きなチームが負けて、悲しかった。　③

④ テストの点数が上がって、母にほめられた。　④

⑤ 子どものころ、よく川に石を投げて遊んだ。　⑤

⑥ ピアノの発表会で賞をもらった。　⑥

⑦ 感しゃの気持ちを言葉で表す。　⑦

⑧ 山田さんは優しい心の持ち主だ。　⑧

⑨ ライバルとの苦しい戦いに勝つ。　⑨

⑩ オリンピックの第一回大会はギリシャで行われた。　⑩

2. 漢字を書いてください。

① 頭をうったので、念のため病院へ行った。　①

② 彼女に結婚をもうしこむけっしんをした。　②

③ うちゅうからちきゅうを見ると、青く見えるそうだ。　③

④ 田中選手は2位に大きくさをつけて優勝した。　④

⑤ 100メートルを9びょうで走り、金メダルを取った。　⑤

⑥ 学校だいひょうでスピーチコンテストに出場する。　⑥

⑦ ホームルームでクラスのリーダーをきめた。　⑦

⑧ 飛行機に乗る前に、荷物の重量をけいそくされる。　⑧

⑨ 山田とうしゅの大活やくでチームが勝利した。　⑨

⑩ 2時間ならんで、やっとじゅんばんが来た。　⑩

恋愛 1
れんあい

感 (13) カン	情 (11) なさ-け ジョウ セイ
感	情

恋 (10) こ-う こい-しい こい レン	愛 (13) アイ
恋	愛

◆ 漢字を読みましょう
かんじ　よ

① 感情的に話してはいけない。
　　　はな

② 子どもをだきしめて安心感をあたえる。

③ ドキュメンタリー映画を見て感動した。
　　　　　　　　えいが　み

④ 彼は情け深い人だ。
　　かれ　ぶか　ひと

⑤ この辺りは古い町の風情が残っている。
　　　あた　ふる　まち　　のこ

⑥ 母が作る 料理が恋しい。
　　はは　つく　りょうり

⑦ 亡くなった妻を今も恋う。
　　な　　　　つま　いま　こ

⑧ 父にもらったペンを愛用している。
　　ちち

⑨ 彼は愛情表現が下手だ。
　　かれ　あいじょうひょうげん　へた

⑩ 二人は大恋愛の末、結婚した。
　　ふたり　だいれんあい　すえ　けっこん

①	てきに	②		③		④		⑤	
⑥		⑦		⑧		⑨		⑩	

◆ 漢字を書きましょう
かんじ　か

① 夜中に、家がゆれたのをかんじた。
　　よなか　いえ

② 本を読んだかんそうを言う。
　　ほん　よ　　　　　　　い

③ 電車で席をゆずった子どもにかんしんした。
　　でんしゃ　せき　　　　　　こ

④ 二人のゆうじょうはずっと続くだろう。
　　ふたり　　　　　　　　　　　つづ

⑤ 病気の友達に心からどうじょうする。
　　びょうき　ともだち　こころ

⑥ 彼女は田中さんにこいをしている。
　　かのじょ　たなか

⑦ こいびとは今、外国に留学している。
　　　　　　いま　がいこく　りゅうがく

⑧ 手紙を読んで、母のあいを知った。
　　てがみ　よ　　　　はは　　　　し

①		②		③		④	
⑤		⑥		⑦		⑧	

恋愛 2
れんあい

信 (9)　シン				
信				

想 (13)　ソウ　ソ				
想				

伝 (6)　つた－わる　つた－える　つた－う 　　　　デン				
伝				

欲 (11)　ほっ－する　ほ－しい 　　　　ヨク				
欲				

◆ 漢字を読みましょう
かんじ　よ

① 私は親から信頼されている。
わたし　おや

② 信号をよく見て横断歩道をわたる。
しんごう　み　おうだんほどう

③ 未来の生活を空想する。
みらい　せいかつ　くうそう

④ 彼女はだれに対しても愛想がいい。
かのじょ　たい　あいそ

⑤ 電話で用けんを伝える。
でんわ　よう　つた

⑥ 階段の手すりを伝って上る。
かいだん　て　つた　のぼ

⑦ この村には昔から多くの伝説がある。
むら　むかし　おお　でんせつ

⑧ 友達に先生への伝言をたのむ。
ともだち　せんせい　でんごん

⑨ 日本の伝統文化にきょうみがある。
にほん　でんとう　ぶんか

⑩ 心の欲するままに行動する。
こころ　ほっ　こうどう

① 　　　　らい	②	③	④	⑤

⑥	⑦	⑧	⑨ 　　　とう	⑩

◆ 漢字を書きましょう
かんじ　か

① 私は彼をしんじている。
わたし　かれ

② 人の前で話すことにじしんがある。
ひと　まえ　はな

③ 友達をしんようしてお金を貸した。
ともだち　かね　か

④ どちらが勝つかよそうする。
か

⑤ 彼はりそうの恋人だ。
かれ　こいびと

⑥ 表情から彼の悲しみがつたわった。
ひょうじょう　かれ　かな

⑦ お酒の飲みすぎでしょくよくがない。
さけ　の

⑧ 恋人と会う時間がほしい。
こいびと　あ　じかん

①	②	③	④

⑤	⑥	⑦	⑧

悩み

Worry
烦恼
Sự lo nghĩ, phiền muộn

苦 (8)	くる‐しむ　くる‐しめる にが‐る　くる‐しい　にが‐い ク

苦					

悩 (10)	なや‐む　なや‐ます ノウ

悩					

困 (7)	こま‐る コン

困					

難 (18)	むずか‐しい　かた‐い ナン

難					

◆ 漢字を読みましょう
かんじ　　よ

① 重い病気で長い間 苦しんでいる。
おも　びょうき　なが　あいだ

② 借金が両親を苦しめている。
しゃっきん　りょうしん

③ このコーヒーは少し苦みがある。
すこ

④ 苦痛を和らげる薬を飲んでいる。
くつう　やわ　　　くすり　の

⑤ テレビの音がうるさくて苦情を言った。
おと　　　　　　　　　　い

⑥ 数年前から頭痛に悩まされている。
すうねんまえ　　ずつう　なや

⑦ 急に雨が降り出して困った。
きゅう　あめ　ふ　だ　　こま

⑧ 彼はどんな困難にも立ち向かう人だ。
かれ　　　　　　　　た　む　　ひと

⑨ 耐え難い痛みで病院へ運ばれた。
た　がた　いた　　びょういん　はこ

⑩ 工事は今、最大の難所にかかっている。
こうじ　いま　さいだい　　なんしょ

①	②	③	④	⑤
⑥	⑦	⑧	⑨ たえ	⑩

◆ 漢字を書きましょう
かんじ　　か

① せきが止まらなくてくるしい。
と

② このお茶はにがいが、体にいい。
ちゃ　　　　　　からだ

③ 私の親は若い時くろうしたそうだ。
わたし　おや　わか　とき

④ くしんしてレポートを書き上げた。
か　あ

⑤ 進学するか帰国するか、なやんでいる。
しんがく　　　きこく

⑥ お金がなくて生活にこまっている。
かね　　　　　せいかつ

⑦ 問題がむずかしくて、答えがわからない。
もんだい　　　　　　　　こた

⑧ 数学のなんもんをすらすら解いた。
すうがく　　　　　　　　　　と

①	②	③	④
⑤	⑥	⑦	⑧

とくべつな言葉……苦り切った表情、苦々しい
にが　き　ひょうじょう　にがにが

気持ちの表れ1
きも　　　あらわ

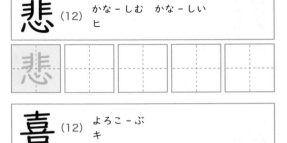

怒 (9)	いか－る　おこ－る ド

悲 (12)	かな－しむ　かな－しい ヒ

笑 (10)	わら－う　え－む ショウ

喜 (12)	よろこ－ぶ キ

◆ 漢字を読みましょう
かんじ　よ

① 成績が下がって親に怒られた。
せいせき　さ　　おや

② 相手の失礼なたいどに激怒する。
あいて　しつれい

③ 大好きだった愛犬が死んで悲しい。
だいす　　あいけん　し

④ 二人の結婚は悲劇に終わった。
ふたり　けっこん　お

⑤ しょう来を悲観してはいけない。
らい

⑥ 面白い話に声をあげて笑った。
おもしろ　はなし　こえ

⑦ お笑い番組を見て爆笑した。
わら　ばんぐみ　み

⑧ 赤ちゃんを見て、思わずほほ笑んだ。
あか　　　み　　　おも

⑨ ジュースを差し入れして喜ばれた。
さ　い

⑩ 彼女は喜怒哀楽がはげしい。
かのじょ

①	② げき	③	④ 　　　げき	⑤ 　　　かん
⑥	⑦ ばく	⑧	⑨	⑩ 　あいらく

◆ 漢字を書きましょう
かんじ　か

① 失言により相手のいかりを買った。
しつげん　　　あいて　　　　か

② 友人の死をかなしむ。
ゆうじん　し

③ ひれんの物語を読んだ。
ものがたり　よ

④ 落語を聞いておおわらいする。
らくご　き

⑤ 彼女はえがおがすてきだ。
かのじょ

⑥ となりの教室からわらいごえがする。
きょうしつ

⑦ 母は大学合格をよろこんでくれた。
はは　だいがくごうかく

⑧ さいふが見つかっておおよろこびした。
み

①	②	③	④
⑤	⑥	⑦	⑧

気持ちの表れ 2

残 (10) のこ‐る のこ‐す
ザン

残				

念 (8) ネン

念				

泣 (8) な‐く
キュウ

泣				

涙 (10) なみだ
ルイ

涙				

◆ 漢字を読みましょう

① 注文した料理を残してしまった。

② 昨日は夜遅くまで残業した。

③ 山に残雪があるのが見える。

④ アルバイトを辞めて勉強に専念する。

⑤ 念願のマイホームを手に入れた。

⑥ 彼は信念を曲げない人だ。

⑦ 念のため、連絡先を教えてもらう。

⑧ 映画のラストシーンに泣いた。

⑨ 祖父が亡くなり、号泣する父を見た。

⑩ 話のとちゅうで突然涙声になる。

①	② ぎょう	③	④ せん	⑤
⑥	⑦	⑧	⑨	⑩

◆ 漢字を書きましょう

① 会社に遅くまでのこって仕事をした。

② ざんねんながら今年も不合格だった。

③ 出された料理をのこさず食べた。

④ 忘れ物がないかにゅうねんに確認する。

⑤ 結婚きねんびに夫から花束をもらった。

⑥ 試合に負けてくやしなきをした。

⑦ 子どものころはなきむしだった。

⑧ 玉ねぎを切ったらなみだが出た。

①	②	③	④
⑤	⑥	⑦	⑧

とくべつな言葉……涙腺
るいせん

58

6章　復習
ふくしゅう

1. 漢字の読み方を書いてください。
かんじ　　よ　かた　か

① この料理には母の愛情が入っている。
りょうり　はは　　あい　　はい

　① _____

② 恋愛中は相手の悪いところが見えなくなる。
あいて　　わる　　　　　　　　み

　② _____

③ この町は子どもを育てるのに理想的な場所だ。
まち　こ　　　　そだ　　　　　　　　　ばしょ

　③ _____　てきな

④ この映画は何回見ても涙が出る。
えいが　なんかいみ　　　　で

　④ _____

⑤ 進学について親と意見が合わず悩んでいる。
しんがく　　　　おや　いけん　あ

　⑤ _____

⑥ たん生日を忘れて彼女に怒られた。
じょうび　わす　　　かのじょ

　⑥ _____

⑦ 残念ながら、セール品は売り切れだった。
ひん　う　き

　⑦ _____

⑧ 10年つき合った恋人にふられて、とても悲しい。
ねん　　あ　　　こいびと

　⑧ _____

⑨ この問題を解決するまでには多くの困難が予想される。
もんだい　かいけつ　　　　　　おお　　　　　　よそう

　⑨ _____

⑩ 私があげたプレゼントを母はとても喜んでくれた。
わたし　　　　　　　　　　はは

　⑩ _____

2. 漢字を書いてください。
かんじ　か

① 宿題に読書かんそうぶんが出された。
しゅくだい　どくしょ　　　　　　　　だ

　① _____

② 休みの日にこいびとと映画を見に行った。
やす　　ひ　　　　　　　　えいが　み　い

　② _____

③ 取引先から課長へのでんごんをたのまれた。
とりひきさき　　かちょう

　③ _____

④ 体力にはじしんがあるので力仕事も問題ない。
たいりょく　　　　　　　　　ちからしごと　もんだい

　④ _____

⑤ 子どもの時はよく親にしかられてないた。
こ　　　とき　　　　おや

　⑤ _____

⑥ ゴール前はくるしかったが、マラソンをかん走した。
まえ　　　　　　　　　　　　　　　　そう

　⑥ _____

⑦ 定期けんを落としてしまって本当にこまった。
ていき　　　お　　　　　　　　ほんとう

　⑦ _____

⑧ この本は漢字が多くてむずかしい。
ほん　かんじ　おお

　⑧ _____

⑨ 先生が面白いことを言ったので、みんなでわらった。
せんせい　おもしろ　　　　　い

　⑨ _____

⑩ 給料が入ったら、新しい服がほしい。
きゅうりょう　はい　　　　あたら　　ふく

　⑩ _____

5・6章 アチーブメントテスト

【1】次の文の下線をつけた言葉の読み方を①〜④の中から選び、番号を書いてください。

1. 力いっぱい戦ったが、試合に負けてしまった。
　①たたかった　　②たかかった　　③たかった　　④たつかった

2. 病気になった時、恋人が料理を作りに来てくれた。
　①れんじん　　②こいびと　　③こいひと　　④こいじん

3. 夏休みの宿題で、読書感想文を書いた。
　①かんじょう　　②かんしょう　　③かんぞう　　④かんそう

4. テニスの全国大会で優勝し、トロフィーをもらった。
　①ゆうしょう　　②ゆうそう　　③ゆうじょう　　④ようしょう

5. 1秒差で負けてしまって、とてもくやしかった。
　①ひょう　　②びょう　　③ぴょう　　④びゅう

1.	2.	3.	4.	5.

【2】次の文の下線をつけた言葉の漢字を①〜④の中から選び、番号を書いてください。

1. だいいっかい東京マラソンは 2007 年に行われた。
　①弟一回　　②第一回　　③代一回　　④台一回

2. 新商品の発売日は五月三日にけっていした。
　①欠定　　②結定　　③決定　　④訣定

3. ビルを建てるため、土地の面積をはかる。
　①測る　　②側る　　③則る　　④計る

4. 留守番電話のでんごんを聞いて、すぐに会社にかけ直した。
　①伝言　　②云言　　③電言　　④転言

5. 北海道にきろく的な大雪が降った。
　①記緑　　②計録　　③許録　　④記録

1.	2.	3.	4.	5.

【3】①〜⑳の下線部の漢字または読み方を書いてください。
（かせんぶ　かんじ　　よ　かた　か）

①なやみ相談（そうだん）

Q：私（わたし）の②こいびとは今（いま）、アメリカに留学（りゅうがく）しています。

アメリカへ行（い）ってしばらくは毎日電話（まいにちでんわ）がありましたが、最近（さいきん）は1週間（しゅうかん）に③いっかいくらいです。理由（りゆう）を聞（き）くと、大学（だいがく）で④やきゅう部（ぶ）に入（はい）り毎日遅（まいにちおそ）くまで練習（れんしゅう）していそがしいからだそうです。次（つぎ）のリーグ⑤戦では試合（しあい）に出（で）てホームランを⑥打（う）って⑦かちたいと⑧笑（わら）って言（い）っていました。それを聞（き）いて⑨愛情よりスポーツのほうが大切（たいせつ）なのかと⑩かなしくなりました。

大学（だいがく）では友達（ともだち）もたくさんいるようで、他（ほか）に好（す）きな人（ひと）ができたのかと⑪涙が出（で）そうになる時（とき）があります。遠（えん）きょり⑫恋愛はやめたほうが良（よ）いのでしょうか。

A：彼（かれ）が好（す）きなら彼（かれ）の言葉（ことば）を⑬しんじてあげましょう。

うたがっていると悪（わる）い方向（ほうこう）に進（すす）んでしまうかもしれません。はなれていると、気持（きも）ちを⑭つたえるのはなかなか⑮難しいですが、電話（でんわ）で⑯ないたり⑰怒（おこ）ったりして⑱感情的になると、彼（かれ）の気持（きも）ちはますますはなれてしまいますよ。

彼（かれ）を⑲こまらせるのではなく、⑳優しい言葉（ことば）をかけてあげればうまくいくと思（おも）いますよ。

①	②	③	④
⑤	⑥	⑦	⑧
⑨	⑩	⑪	⑫
⑬	⑭	⑮	⑯
⑰	⑱	⑲	⑳

【1】AとBを組み合わせて、（　　　　）に漢字を書いてください。
くあ かんじ か
〔　　　　〕に下線部の読み方も書いてください。
かせんぶ よ かた か

1. ヒットを（　　　　　）って点が入った。　　　　　　　　〔　　　　　　〕
てん はい

2. 1（　　　　　）差でおしくも二位になった。　　　　　　〔　　　　　　〕
にい

3. 毎日、日本語で日（　　　　）を書いている。　　　　　〔　　　　　　〕
まいにち にほんご か

4. 彼女はいつもテストの（　　　　）位がクラスでトップだ。〔　　　　　　〕
かのじょ

5. もっと大きいテレビが（　　　　）しい。　　　　　　　〔　　　　　　〕
おお

A	扌 ・ 言 ・ 禾 ・ 川 ・ 谷
B	己 ・ 丁 ・ 少 ・ 欠 ・ 頁

【2】次の意味になるように□に正しい漢字を書いてください。
つぎ いみ ただ かんじ か

1. 優勝を決める戦い・・・・・・・・・・・・・・・・・・・・・・・・□ 勝戦
ゆうしょう き たたか しょうせん

2. スポーツなどの成績や結果・・・・・・・・・・・・・・・・・・・□ 録
せいせき けっか ろく

3. コーヒー、薬などのいやな味・・・・・・・・・・・・・・・・・□ み
くすり あじ

4. 悲しい時や、くやしい時に目から出る水のような液体・・・・□
かな とき とき め で みず えきたい

5. うれしい、苦しい、悲しいなどの気持ち・・・・・・・・・・・□ 情
くる かな きも じょう

苦　　　決　　　涙　　　感　　　記

【３】新聞記事（しんぶんきじ）を読（よ）んで、①〜⑩の読（よ）み方（かた）を書（か）いてください。

石川（いしかわ）　メジャーへ

日本（にほん）①代表にも選（えら）ばれたARCの石川一男（いしかわかずお）②投手（30）が、米大（べいだい）リーグにチャレンジするため、７日（か）、米（べい）国（こく）へ出発（しゅっぱつ）。現地（げんち）に着（つ）いてすぐ記者（きしゃ）の取材（しゅざい）を受（う）け、「③球（たま）の速（はや）さには④自信がある。まずはストレートで⑤勝負した。日本（にほん）の⑥野球が大（だい）リーグで通用（つうよう）することをしょうめいしたい。」と⑦笑顔（かお）で語（かた）った。

石川（いしかわ）は昨年（さくねん）、先発（せんぱつ）として⑧十七勝を上（あ）げ、⑨最多勝（さい）をかくとくするとともに、チームを⑩優勝にみちびいた。

①	②	③	④	⑤
⑥	⑦	⑧	⑨ さい	⑩

結婚
けっこん

結 (12)	むす−ぶ　ゆ−う　ゆ−わえる ケツ

結				

婚 (11)	コン

婚				

紹 (11)	ショウ

紹				

介 (4)	カイ

介				

◆ 漢字を読みましょう
かんじ　よ

① くつのひもを結ぶ。

② かみを一つに結わえる。
　　　　ひと

③ 自分で毎日かみを結う。
　じ ぶん　まいにち

④ 成人式のためにかみを結ってもらった。
　せいじんしき

⑤ 来年結婚することになった。
　らいねん

⑥ 試験の結果が出た。
　し けん　　　　で

⑦ 金婚式のお祝いをする。
　　　　　いわ

⑧ 新婚旅行でヨーロッパへ行く。
　　　　りょこう　　　　　　　い

⑨ 友人の紹介で彼に出会った。
　ゆうじん　　　　かれ　で あ

⑩ 不動産会社に仲介料をはらう。
　ふ どうさんがいしゃ

①	②	③	④	⑤

⑥	⑦　　　　しき	⑧	⑨	⑩ ちゅう

◆ 漢字を書きましょう
かんじ　か

① リボンをきれいにむすぶ。

② 母にかみをゆってもらった。
　はは

③ ドラマのけつまつが気になる。
　　　　　　　　　　き

④ 会議で話し合ってけつろんを出す。
　かい ぎ　はな　あ　　　　　　　　だ

⑤ 先日、娘がこんやくした。
　せんじつ　むすめ

⑥ 働くみこん女性がふえている。
　はたら　　　　じょせい

⑦ クラスメートにじこしょうかいをする。

⑧ ぎょかいでパスタのソースを作る。
　　　　　　　　　　　　　　つく

①	②	③	④　　　　論 　　　　　ろん

⑤	⑥ 未 　 み	⑦ 己 　 こ	⑧

独身
どくしん

独 (9)	ひと－り
	ドク

独				

身 (7)	み
	シン

身				

貯 (12)	チョ

貯				

期 (12)	キ　ゴ

期				

◆ 漢字を読みましょう

① 彼は独身だそうだ。
② 会社を辞めて独立した。
③ 彼は独り言が多い。
④ 身近な人に相談する。
⑤ 好きなネックレスを身につける。
⑥ あの選手は身長が190センチもある。
⑦ 毎月5万円を貯金している。
⑧ 期末テストの点数が悪かった。
⑨ 親の期待にこたえるためにがんばった。
⑩ 祖父と最期のおわかれをする。

①	②	③	④	⑤
⑥	⑦	⑧	⑨	⑩ さい

◆ 漢字を書きましょう

① 親元をはなれ、ひとりだちする。
② どくしん生活を楽しむ。
③ 私と彼はしゅっしん大学が同じだ。
④ みぶんしょう明書を見せる。
⑤ 空こうでかばんのなかみを見せる。
⑥ 結婚のために毎月ちょきんしている。
⑦ 彼のプロポーズをきたいしている。
⑧ しんがっきが始まる前に旅行する。

①	②	③	④
⑤	⑥	⑦	⑧

とくべつな言葉……一期一会
いちごいちえ

婚約
こんやく

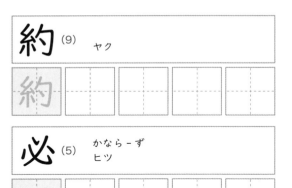

約 (9)　ヤク

必 (5)　かなら－ず
　　　　ヒツ

束 (7)　たば
　　　　ソク

守 (6)　まも－る　もり
　　　　シュ　ス

◆ 漢字を読みましょう
かんじ　　よ

① 駅の近くのホテルを予約する。
　えき ちか

③ 恋人に花束をプレゼントする。
　こいびと

⑤ 必ず 宿題を出さなくてはいけない。
　　　　しゅくだい だ

⑦ 父との約束を守る。
　ちち　　やくそく

⑨ 九回表の守備につく。
　きゅうかいおもて

② 銀行口座を解約した。
　ぎんこうこうざ

④ 約束の時間に遅れてしまった。
　　　　じ かん おく

⑥ 必勝を願っておうえんした。
　　　　ねが

⑧ 母親が子どもに子守歌を聞かせる。
　ははおや こ　　　　こ もり き

⑩ 旅行で｜週間家を留守にする。
　りょこう　しゅうかんいえ

①	② かい	③	④	⑤
⑥	⑦	⑧	⑨　　　　び	⑩ る

◆ 漢字を書きましょう
かんじ　か

① 彼にこんやくゆびわをもらった。
　かれ

③ このチームはけっそくが固い。
　　　　　　　　　　　　かた

⑤ 彼ならかならず合格できる。
　かれ　　　　　ごうかく

⑦ かばんにおまもりをつけている。

② 学校までやく｜時間かかる。
　がっこう　　　じ かん

④ たまった古新聞をたばにする。
　　　　ふるしんぶん

⑥ 合格するために、ひっしでがんばる。
　ごうかく

⑧ 時間 げんしゅでお願いします。
　じ かん　　　　　ねが

①	②	③	④
⑤	⑥	⑦	⑧ 厳
げん

結婚式
けっこんしき

Wedding Ceremony
婚礼
Lễ cưới

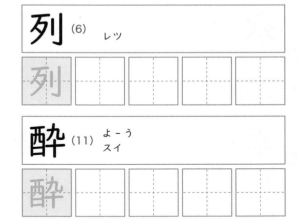

式 (6)	シキ
列 (6)	レツ
祝 (9)	いわ－う　シュク　シュウ
酔 (11)	よ－う　スイ

◆ 漢字を読みましょう
かんじ　よ

① 結婚を正式に発表する。
けっこん　　せいしき　　はっぴょう

② 友達の結婚式に出席する。
ともだち　　けっこんしき　しゅっせき

③ 書式にしたがって願書を書く。
しょしき　　　　　　がんしょ　か

④ ここはいつも行列ができる人気店だ。
ぎょうれつ　　　にんきてん

⑤ 自転車で日本列島を旅する。
じてんしゃ　にほんれっとう　たび

⑥ 祖母のたん生日を家族で祝う。
そぼ　　　　じょうび　かぞく　いわ

⑦ 優勝祝賀パーティーにさんかした。
ゆうしょうしゅくが

⑧ 受付でご祝儀をわたす。
うけつけ　　しゅうぎ

⑨ 二日酔いで気持ちが悪い。
ふつかよ　　きも　　わる

⑩ 泥酔するまで飲む。
でいすい　　　の

| ① | ② | ③ | ④ | ⑤ |
| ⑥ | ⑦　　　　　が | ⑧　　　　　ぎ | ⑨ | ⑩ でい |

◆ 漢字を書きましょう
かんじ　か

① お茶の道具いっしきをそろえる。
ちゃ　どうぐ

② かぶしき会社を設立した。
がいしゃ　せつりつ

③ いちれつにならんで待つ。
ま

④ 東京行きのれっしゃに乗る。
とうきょうい　　　　　　　の

⑤ 入学いわいに時計をあげる。
にゅうがく　　　とけい

⑥ 5月5日こどもの日は、しゅくじつだ。
がつ　か　　　　　　ひ

⑦ 私は子どものころから車によいやすい。
わたし　こ　　　　　　　くるま

⑧ 電車でよっぱらいがさわいでいた。
でんしゃ

①	② 株	③	④
	かぶ		
⑤	⑥	⑦	⑧

幸せ
しあわ

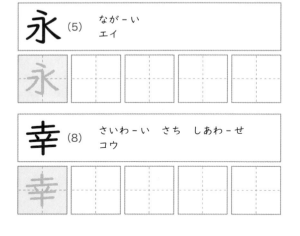

永 (5) なが‐い
エイ

幸 (8) さいわ‐い　さち　しあわ‐せ
コウ

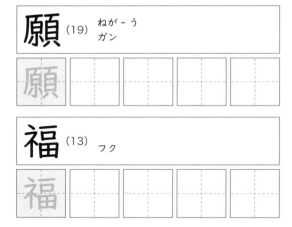

願 (19) ねが‐う
ガン

福 (13) フク

◆ 漢字を読みましょう
かんじ　よ

① 結婚式で永遠の愛をちかう。
　けっこんしき　　えいえん　　あい

② 結婚して外国に永住する。
　けっこん　　がいこく　　えいじゅう

③ 親が子の無事を願う。
　おや　こ　ぶじ　ねが

④ メールで入学願書を取りよせる。
　　　　　にゅうがく　　　と

⑤ 幸いなことに、けがはなかった。
　さいわ

⑥ きのこや山菜などの山の幸を食べた。
　　　　　さんさい　　　やま　　さち　た

⑦ お金がなくても幸せだ。
　かね　　　　　しあわ

⑧ 幸運にめぐまれる。
　こううん

⑨ 笑う門には福来る。
　わら　かど　　ふくきた

⑩ 大学で福祉について学びたい。
　だいがく　ふくし　　　　まな

①	②	③	④	⑤

⑥	⑦	⑧	⑨	⑩　　　　し

◆ 漢字を書きましょう
かんじ　か

① すえながくお幸せに。
　　　　　　しあわ

② ねがいごとがかなう。

③ しゅつがん手続きをする。
　　　　　　てつづ

④ けががなかったのはふこう中の幸いだ。
　　　　　　　　　　　　　　ちゅう　さいわ

⑤ 家族でしあわせにくらす。
　かぞく

⑥ 海のさちを味わう。
　うみ　　　　あじ

⑦ こうふくな人生を送る。
　　　　　じんせい　おく

⑧ 友達の結婚をしゅくふくする。
　ともだち　けっこん

①	②	③	④

⑤	⑥	⑦	⑧

7章 復習
ふくしゅう
しょう

1. 漢字の読み方を書いてください。
かんじ　　よ　　かた　　か

① 去年から身長が2センチも伸びた。
　きょねん　　しんちょう　　　　　　　　の

② 私の出身はタイのチェンマイというところだ。
　わたし　しゅっしん

③ 彼女はかみを一つに結わえている。
　かのじょ　　　　ひと　　ゆ

④ 母はいつでもやさしく見守ってくれている。
　はは　　　　　　　　　　みまも

⑤ この店はいつも長い行列ができている。
　　みせ　　　　　なが　ぎょうれつ

⑥ 母の日に大きな花束をおくる。
　はは　ひ　おお　　はなたば

⑦ ボーナスを使って、ゴルフクラブ一式を買う。
　　　　　　つか　　　　　　　　　　　いっしき　か

⑧ 山下さんはカナダに永住するらしい。
　やました　　　　　　　　えいじゅう

⑨ 二日酔いがひどく、会社を休んでしまった。
　ふつかよ　　　　　　　　かいしゃ　やす

⑩ 最近、独り言が多くなった気がする。
　さいきん　ひと　ごと　おお　　　　き

①	
②	
③	
④	
⑤	
⑥	
⑦	
⑧	
⑨	
⑩	

2. 漢字を書いてください。
かんじ　か

① しょうらいはどくりつして、自分の店を持ちたい。
　　　　　　　　　　　　　　じぶん　みせ　も

② あのレストランは、なかなかよやくがとれない。

③ しんこん旅行で1週間ヨーロッパに行く。
　　　　　りょこう　しゅうかん　　　　　　い

④ 借りた本はかならず1週間以内に返してください。
　か　　ほん　　　　　　しゅうかんいない　かえ

⑤ 国の文化を日本にしょうかいする仕事がしたい。
　くに　ぶんか　にほん　　　　　　　　　しごと

⑥ ボーナスをもらったので20万円ちょきんした。
　　　　　　　　　　　　　まんえん

⑦ おいしいものを食べると、しあわせな気分になる。
　　　　　　　　た　　　　　　　　　　きぶん

⑧ おさななじみの結婚をしゅくふくする。
　　　　　　　　けっこん

⑨ 息子の大学合格を心からねがっている。
　むすこ　だいがくごうかく　こころ

⑩ 新年のおいわいに、ぞうにを食べた。
　しんねん　　　　　　　　　　　た

①	
②	
③	
④	
⑤	
⑥	
⑦	
⑧	
⑨	
⑩	

人間関係
にんげんかんけい

関	(14)	せき　かか－わる カン

関					

係	(9)	かか－る　かかり ケイ

係					

和	(8)	やわ－らぐ　やわ－らげる なご－む　なご－やか ワ　オ

和					

付	(5)	つ－く　つ－ける フ

付					

◆ 漢字を読みましょう
かんじ　よ

① 箱根の関所は有名な観光地だ。
はこね　せき　ゆうめい　かんこうち

② リーダーとしてプロジェクトに関わる。

③ 玄関でくつをぬいでそろえる。

④ コンサート会場で係員に注意された。
かいじょう　ちゅうい

⑤ 授業に関係のない話はしないように。
じゅぎょう　はなし

⑥ 今日は寒さが和らぎ暖かくなるそうだ。
きょう　さむ　あたた

⑦ この音楽をきくと心が和む。
おんがく　こころ

⑧ 料理の中でも和食が一番好きだ。
りょうり　なか　いちばん　す

⑨ ワイシャツのそでにインクが付く。

⑩ この付近には、くまが出るらしい。
ふきん　て

①	②	③ げん	④	⑤

⑥	⑦	⑧	⑨	⑩

◆ 漢字を書きましょう
かんじ　か

① かんとうちほうに台風が近づく。
たいふう　ちか

② 貿易にかかわる仕事がしたい。
ぼうえき　しごと

③ 政治にかんしんがある。
せいじ

④ 会社の人間かんけいに悩んでいる。
かいしゃ　にんげん　なや

⑤ 話を聞いてもらって怒りがやわらいだ。
はなし　き　いか

⑥ パーティーはなごやかに行われた。
おこな

⑦ 休日に部屋をかたづける。
きゅうじつ　へや

⑧ あの二人は最近つきあい始めたそうだ。
ふたり　さいきん　はじ

①	②	③	④

⑤	⑥	⑦ 片 かた	⑧

とくべつな言葉…… 受付、和尚
うけつけ　おしょう

家族
かぞく

娘 (10)　むすめ

老 (6)　おーいる ふーける
ロウ

婦 (11)　フ

姓 (8)　セイ ショウ

◆ 漢字を読みましょう
かんじ　よ

① 木村さんには娘が三人いる。
きむら　　　　　むすめ　さんにん

③ 彼は年よりずっと老けて見える。
かれ　とし　　　　　　　ふ　　　み

⑤ 夫婦でスキーを楽しむ。
ふうふ　　　　　　　たの

⑦ この仕事は主婦に人気がある。
しごと　しゅふ　にんき

⑨ 結婚しても夫とべつの姓のままでいる。
けっこん　　　おっと　　　　せい

② 人はだれでも老いていく。
ひと　　　　　　　お

④ 敬老の日のお祝いをする。
けいろう　　　　いわ

⑥ 婦人服売り場は３階です。
ふじんふくう　ば　　がい

⑧ 新婦のドレスはとてもきれいだった。
しんぷ

⑩ 同姓同名の人がいておどろいた。
どうせいどうめい　ひと

| ① | ② | ③ | ④ けい | ⑤ |
| ⑥ | ⑦ | ⑧ | ⑨ | ⑩ |

◆ 漢字を書きましょう
かんじ　か

① 彼女はひとりむすめで愛されている。
かのじょ　　　　　　　　あい

③ おいた親の面倒を見る。
おや　めんどう　み

⑤ ろうふうふが仲良くさんぽしている。
なかよ

⑦ 結婚してせいが変わった。
けっこん　　　　　か

② 子どもはむすめ三人、息子一人だ。
さんにん　むすこひとり

④ ろうごの人生について考える。
じんせい　　　　　かんが

⑥ 母はせん業しゅふだ。
はは　　　ぎょう

⑧ 書類にせいと名を書く。
しょるい　　　　な　か

| ① | ② | ③ | ④ |
| ⑤ | ⑥ | ⑦ | ⑧ |

とくべつな言葉……百姓
ひゃくしょう

仲間
なかま

Peer
伙伴
Bạn bè, đồng nghiệp

仲 (6)	なか チュウ

君 (7)	きみ クン

彼 (8)	かれ　かの ヒ

他 (5)	ほか タ

◆ 漢字を読みましょう
かんじ　よ

① 二人は大の仲良しだ。
ふたり　だい

② 友達のけんかの仲裁をする。
ともだち

③ この仕事は君に任せたよ。
しごと　まか

④ 細川君にチョコをあげた。
ほそかわ

⑤ 彼はまじめでやさしい青年だ。
せいねん

⑥ 彼女をデートにさそって、断られた。
ことわ

⑦ お彼岸に、はかまいりをする。

⑧ 他に意見はありませんか。
い けん

⑨ この話は他言無用だ。
はなし

⑩ 彼は他人にきょうみがない。
かれ

①	② さい	③	④	⑤
⑥	⑦ がん	⑧	⑨ む	⑩

◆ 漢字を書きましょう
かんじ　か

① あの兄弟はなかがいい。
きょうだい

② なかまを大切にする。
たいせつ

③ 売買をちゅうかいする。
ばいばい

④ 田中くんをさそってあそびに行く。
たなか　い

⑤ かれしに手料理をごちそうする。
てりょうり

⑥ かのじょはとてもきれいな人だ。
ひと

⑦ そのた、質問があればどうぞ。
しつもん

⑧ たこくの文化を学ぶ。
ぶんか　まな

①	②	③	④
⑤ 氏 し	⑥	⑦	⑧

友達
ともだち

Friend
朋友
Bạn bè

初	(7)	そ－める　はじ－め　はじ－めて
		はつ　うい
		ショ

初				

再	(6)	ふたた－び
		サイ　サ

再				

久	(3)	ひさ－しい
		キュウ　ク

久				

達	(12)	タツ

達				

◆ 漢字を読みましょう
かんじ　よ

① 父と母の<u>なれ初め</u>を聞く。
ちち　はは　　　　　　　　き

② 書き初めに「<u>初日</u>の出」と書いた。
　　　ぞ　　　　　　はつひ　で　　　か

③ 新入社員のスーツすがたが<u>初々しい</u>。
しんにゅうしゃいん

④ この映画は今日が公開<u>初日</u>だ。
　　えいが　きょう　こうかい

⑤ <u>再び</u>トラブルが起きてしまった。
　　　　　　　　　お

⑥ 成績が悪く、<u>再試験</u>を受ける。
せいせき　わる　　　　　　　　う

⑦ <u>再来年</u>には新しい駅がかん成する。
　　　　　あたら　えき　　せい

⑧ 彼女とは<u>久しく</u>会っていない。
かのじょ　　　　　　あ

⑨ <u>永久</u>に平和が続くことを願う。
　　　へいわ　つづ　　　　ねが

⑩ 子どもは語学の<u>上達</u>が早い。
こ　　　　ごがく　　　　　はや

①	②	③	④	⑤

⑥	⑦	⑧	⑨	⑩

◆ 漢字を書きましょう
かんじ　か

① 4月の<u>はじめ</u>には、さくらが満開になる。
がつ　　　　　　　　　　　　　まんかい

② 昨日<u>はじめて</u>車を運転した。
きのう　　　　　くるま　うんてん

③ 富士山には<u>つゆき</u>が降った。
ふじさん　　　　　　ふ

④ <u>しょしん</u>に返って、やり方を見直す。
　　　　　かえ　　　　かた　みなお

⑤ 何事も<u>さいしょ</u>が大切だ。
なにごと　　　　　　たいせつ

⑥ 学生時代の親友に<u>さいかい</u>する。
がくせい　じだい　しんゆう

⑦ <u>ひさしぶり</u>に友達に会った。
　　　　　　　ともだち　あ

⑧ 手紙を<u>そくたつ</u>で出す。
てがみ　　　　　　だ

①	②	③	④

⑤ 最	⑥	⑦	⑧
さい			

とくべつな言葉…… 屋久島
　　　　　　　　　　や　くしま

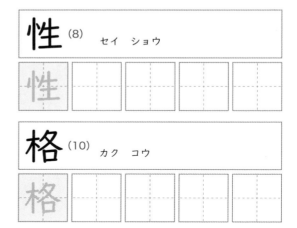

個 (10)　コ

個				

各 (6)　おのおの
　　　　カク

各				

性 (8)　セイ　ショウ

性				

格 (10)　カク　コウ

格				

◆ 漢字を読みましょう
かんじ　よ

① 一個 300 円のりんごを買う。
えん　　　か

② レストランの個室を予約した。
よやく

③ 彼のファッションは個性的だ。
かれ

④ この紙は水にとけやすい性質を持つ。
かみ　みず　　　　　　　　　　　も

⑤ 彼女とは相性がよく、気が合う。
かのじょ　　　　　　き　あ

⑥ 世界各国の人口を調べた。
せかい　　　じんこう　しら

⑦ 各自、昼食を持って来てください。
ちゅうしょく　も

⑧ 彼女はグループのリーダー格だ。
かのじょ

⑨ 仕事のやくに立つ資格をとる。
しごと　　　　た

⑩ コースをまちがえて失格になった。

①	②	③　てき	④	⑤　あい
⑥	⑦	⑧	⑨　し	⑩　しっ

◆ 漢字を書きましょう
かんじ　か

① こじんてきな意見を言う。
いけん　い

② 子どものこせいを伸ばしてやりたい。
こ　　　　　　　　　　の

③ このカフェはじょせいきゃくが多い。
おお

④ すいせいボールペンで書く。
か

⑤ 私はひえしょうでいつも手が冷たい。
わたし　　　　　　　　　　て　つめ

⑥ 明日は全国かくちで大雨になるそうだ。
あす　ぜんこく　　　　おおあめ

⑦ ごうかくきがんのお守りをもらった。
まも

⑧ 明るいせいかくは父親ににている。
あか　　　　　　　　　　ちちおや

①　　　　　的な	②	③	④
⑤	⑥	⑦　　　　祈	⑧

とくべつな言葉…… 格子　各々：「人は各々、考え方が違う。」のように「各々」と表記することもある。
　　　　　　　こうし　おのおの　ひと　おのおの　かんが　かた　ちが　　　　　　　　おのおの　ひょうき

8章 復習
ふくしゅう

1. 漢字の読み方を書いてください。
かんじ　よ　かた　か

① この研究にはたくさんの人が関わっている。　　①
　　けんきゅう　　　　　　ひと

② 私の家の朝ご飯はいつも和食だ。　　②
　　わたし　いえ　あさ　はん

③ 来年、娘が結婚することになった。　　③
　　らいねん　　　けっこん

④ 彼は年れいよりも老けて見える。　　④
　　かれ　ねん　　　　　み

⑤ 一人ひとりの個性を大切にする。　　⑤
　　ひとり　　　　　たいせつ

⑥ 山本君はクラスでとても人気がある。　　⑥
　　やまもと　　　　　　　にんき

⑦ これがだめなら、他の方法を考える必要がある。　　⑦
　　　　　　　　　ほうほう　かんが　ひつよう

⑧ 初心を忘れずに、全力でがんばってください。　　⑧
　　　　わす　　　　ぜんりょく

⑨ 再来月引っこしする予定で、家を探している。　　⑨
　　ひ　　　　　　よてい　いえ　さが

⑩ 各クラス、代表者を一人選んでください。　　⑩
　　　　だいひょうしゃ　ひとりえら

2. 漢字を書いてください。
かんじ　か

① Ａ市とＢ市が友好かんけいを結ぶ。　　①
　　し　　し　ゆうこう　　　　　　むす

② あのふうふは、どこへ行く時もいつもいっしょだ。　　②
　　　　　　　　　い　とき

③ 病院でどうせいどうめいの名前が呼ばれておどろいた。　　③
　　びょういん　　　　　　　　なまえ　よ

④ ろうごの人生の楽しみとして野菜を育てたい。　　④
　　　　じんせい　たの　　　　やさい　そだ

⑤ この時計はデザインがこせいてきだ。　　⑤　　　　的
　　とけい　　　　　　　　　　　　　　　　　　　　　　てき

⑥ 彼は明るいせいかくで、だれからも好かれている。　　⑥
　　かれ　あか　　　　　　　　　　　す

⑦ あの二人はなかが良くて、いつもいっしょにいる。　　⑦
　　ふたり　　　　よ

⑧ はじめて車を運転したときは、とてもきんちょうした。　　⑧
　　　　　くるま　うんてん

⑨ 同じクラスだった田中さんと20年ぶりにさいかいした。　　⑨
　　おな　　　　　たなか　　　ねん

⑩ 合否の結果がそくたつでとどいた。　　⑩
　　ごうひ　けっか

アチーブメントテスト

【1】次の文の下線をつけた言葉の読み方を①〜④の中から選び、番号(つぎ)(ぶん)(か せん)(ことば)(よ)(かた)(なか)(えら)(ばんごう)
を書いてください。(か)

1. この箱の中身は何か知っていますか。(はこ)(なか み)(なに)(し)
　　①なかみ　　　　②なかしん　　　　　③ちゅうみ　　　　④ちゅうしん

2. 再来年には家を買おうと思っている。(いえ)(か)(おも)
　　①さいらいねん　②さらいねん　　　　③さらいどし　　　④さいらいどし

3. 今日、北海道で初雪が降ったそうだ。(きょう)(ほっかいどう)(ふ)
　　①しょせつ　　　②ういゆき　　　　　③はつゆき　　　　④ういせつ

4. 他にもいいアイデアがあれば、教えてください。(おし)
　　①ほが　　　　　②ほか　　　　　　　③た　　　　　　　④だ

5. 今回は幸いなことに、大きなじこにならなかった。(こんかい)(おお)
　　①わさわいな　　②しあわいな　　　　③さいわいな　　　④ならわいな

1.	2.	3.	4.	5.

【2】次の文の下線をつけた言葉の漢字を①〜④の中から選び、番号を(つぎ)(ぶん)(か せん)(ことば)(かんじ)(なか)(えら)(ばんごう)
書いてください。(か)

1. リーダーとして、このプロジェクトにかかわっている。
　　①関わって　　　②間わって　　　　　③係わって　　　　④開わって

2. 木村さんは毎年ふうふで旅行に出かけている。(き むら)(まいとし)(りょこう)(で)
　　①夫妻　　　　　②主婦　　　　　　　③夫婦　　　　　　④主妻

3. こちらに、いちれつにならんでお待ちください。(ま)
　　①一位　　　　　②一側　　　　　　　③一倒　　　　　　④一列

4. こんなきれいなけしきを見たのは、生まれてはじめてだ。(み)(う)
　　①初めて　　　　②始めて　　　　　　③初て　　　　　　④始て

5. クラスにどうせい同名の人がいて、びっくりした。(どうめい)(ひと)
　　①同生　　　　　②同正　　　　　　　③同性　　　　　　④同姓

1.	2.	3.	4.	5.

【３】①〜⑳の下線部の漢字または読み方を書いてください。

父と母のなれ①初め

　今日は、家族で父と母の②結婚 20 年を③いわった。

　母は、④ともだちの⑤しょうかいで父と知り合い、出会ってから半年で⑥付き合い始めたそうだ。その後、父からのプロポーズで二人は⑦こんやくした。プロポーズの言葉は「君を一生⑧守る」だったそうだ。いつもはお酒をあまり飲まない母も、今日は⑨久しぶりのお酒に少し⑩よったようで、うれしそうに話してくれた。

　父は大人しい⑪性格で、仕事ばかりしていたので、まわりの友達からは「山下⑫くんは一生⑬独身でいるんじゃないか。」と言われていたらしい。結婚すると聞いて、みんなとてもおどろいたそうだ。でも、たくさんの人に⑭しゅくふくされ、とてもいい⑮結婚式だったと母はなつかしそうに話していた。

　今でもいっしょにさんぽに出かけたり、二人でテニスを習ったりと、⑯なかが良い。テニスの⑰上達は母の方が早いが、それでも父はとても楽しそうだ。そういう二人を見ていると、⑱むすめの私も⑲幸せだ。いつまでもなか良くいてほしいと⑳願っている。

①	②	③	④
⑤	⑥	⑦	⑧
⑨	⑩	⑪	⑫
⑬	⑭	⑮	⑯
⑰	⑱	⑲	⑳

【1】A、Bから一つずつ合わせて漢字を作り、□ に入れてください。
A は何度でも使えます。

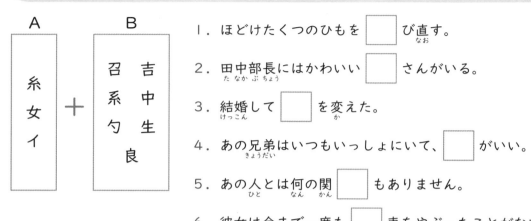

A
糸 女 イ

＋

B
召 吉
系 中
勺 生
　 良

1. ほどけたくつのひもを □ び直す。

2. 田中部長にはかわいい □ さんがいる。

3. 結婚して □ を変えた。

4. あの兄弟はいつもいっしょにいて、□ がいい。

5. あの人とは何の関 □ もありません。

6. 彼女は今まで一度も □ 束をやぶったことがない。

7. いんしょうに残る自己 □ 介をする。

【2】□ から漢字を一字選んで、「各、再、初、他、身」を使った
言葉を作ってください。（　　　）には読み方を書いてください。

結
・
各
・
再
・
初
・
他
・
身

（例） 結 { 婚・・・友達は来月（けっこん）するそうだ。
　　　　　 末・・・このドラマの（けつまつ）が気になってしかたがない。

1. □ { 人・・・（　　　　　　　）の意見をしっかり聞く。
　　　　 社・・・この商品は（　　　　　　　）に負けない自信がある。

2. □ { 国・・・（　　　　　　　）の首脳が集まる。
　　　　 地・・・日本（　　　　　　　）のおまつりを見に行く。

3. □ { 雪・・・東京に（　　　　　　　）が降った。
　　　　 心・・・（　　　　　　　）を忘れずにがんばろう。

4. □ { 会・・・学生時代の友達と（　　　　　　　）した。
　　　　 生・・・録画した DVD を（　　　　　　　）する。

5. □ { 分・・・手続きには（　　　　　　　）しょう明書が必要です。
　　　　 長・・・彼は（　　　　　　　）が 180 センチもある。

【3】（　　　）に入る言葉を右の □ から選んで、漢字に直して入れてください。

＊＊＊＊＊＊今月の顔＊＊＊＊＊＊

木村 花子さん　　　料理研究家
きむら はなこ　　　　りょうり けんきゅうか

～おいしいものを食べると、①（　　　　）を感じます～
　　　　　　た　　　　　　　　　　　　　　　　　　　かん

大手食品会社に入社し、商品開発を担当。
おおて しょくひんがいしゃ にゅうしゃ　しょうひんかいはつ たんとう

料理研究家のアシスタントを経験した後、2004 年に②（　　　　）。
りょうり けんきゅうか　　　　　　　　　　けいけん　あと　　　ねん

全国③（　　　　）の料理をヒントに、④（　　　　）豊かなメニューの
ぜんこく　　　　　　りょうり　　　　　　　　　　ゆた

開発に取り組んでいる。
かいはつ と く

夫と二人の⑤（　　　　）の 4 人家族。しゅみは夫と旅行に行くこと。しょ
おっと ふたり　　　　　　にんかぞく　　　　　　おっと りょこう い

う来は船でごうかな世界一周の旅に出るのが夢で、そのために 500 万円
らいしゅう ふね　　　　せかいいっしゅう たび で　　ゆめ　　　　　　　　まんえん

以上の⑥（　　　　）を目指している。
いじょう　　　　　　め ざ

とくい分野はフランス料理を独自にアレンジした⑦（　　　　）。現在は
ぶんや　　　　　　りょうり どくじ　　　　　　　　　　　　げんざい

本やテレビなどを中心に活動している。
ほん　　　　　　ちゅうしん かつどう

| かくち |
| ちょきん |
| こせい |
| わしょく |
| しあわせ |
| どくりつ |
| むすめ |

【4】友子さんの結婚式に、友達のひとみさんが手紙を書きました。
　　　ともこ　　　　けっこんしき　　ともだち　　　　　　　てがみ か
　　　下線の読み方を書いてください。
　　　かせん よ かた か

友子へ
ともこ

①結婚おめでとう。高校時代のクラスメイトだった山川くんと友子が②夫婦になるなんて
　　　　　　　　こうこうじだい　　　　　　　　　　　やまかわ　　ともこ

本当にびっくりした。二人が 2 年前の同窓会で③再会してそれから④付き合っていたとは。
ほんとう　　　　　　ふたり　　ねんまえ　どうそうかい

おとなしい性格の友子と⑤個性の強い⑥彼という組み合わせ…。でも二人ならきっと
　　　　　せいかく ともこ　　　　　つよ　　　　　く あ　　　　　ふたり

⑦幸せな家ていを作っていけるはず。彼も友子のことを⑧必ず⑨守ると親友の私に
　か　　　　　　　　つく　　　　　かれ ともこ　　　　　　　　　　しんゆう わたし

⑩約束してくれたよ。二人の幸せを⑪願っています。⑫末永くお幸せに。
　　　　　　　　　ふたり

ひとみより

①	②	③	④	⑤	⑥
⑦	⑧	⑨	⑩	⑪	⑫

子ども
こ

幼 (5)	おさな‐い ヨウ
幼				

児 (7)	ジ ニ
児				

童 (12)	わらべ ドウ
童				

徒 (10)	ト
徒				

◆ 漢字を読みましょう
かんじ よ

① 幼いころ、病気でよく入院した。
びょうき にゅういん

② 幼ち園から元気な声が聞こえる。
げんき こえ き

③ 幼少期は自然の中であそぶのがよい。
しぜん なか

④ 彼は考え方が幼い。
かれ かんが かた

⑤ この本は児童が読むのに良い本だ。
ほん よ よ ほん

⑥ 乳児のころは急な体調の変化が多い。
きゅう たいちょう へんか おお

⑦ 小児科へ子どもを連れて行く。
こ つ い

⑧ 「ももたろう」は有名な童話である。
ゆうめい

⑨ 祖母に古い童歌を教えてもらった。
そぼ ふる おし

⑩ この中学校には生徒が 500 人いる。
ちゅうがっこう にん

①	②	③	④	⑤
⑥	⑦	⑧	⑨	⑩

◆ 漢字を書きましょう
かんじ か

① おさないころから書道を習っている。
しょどう なら

② ようじ用の本がたくさん置いてある。
よう ほん

③ 私はじどう相談所で働いている。
わたし そうだんしょ はたら

④ 森さんは毎日いくじで忙しい。
もり まいにち いそが

⑤ しょうにかの医者になりたい。
いしゃ

⑥ 小学校のクラス会でどうしんに帰った。
しょうがっこう かい かえ

⑦ 田中先生はせいとから人気がある。
たなかせんせい にんき

⑧ 学校までとほで通う。
がっこう かよ

①	②	③	④
⑤	⑥	⑦	⑧

先生
せんせい

担 (8)　かつ－ぐ　にな－う
　　　　タン

任 (6)　まか－せる　まか－す
　　　　ニン

師 (10)　シ

組 (11)　く－む　くみ
　　　　　ソ

◆ 漢字を読みましょう
　かんじ　　よ

① 重い荷物を担ぐ。
　おも　にもつ　かつ
③ 中学校で理科の授業を担当している。
　ちゅうがっこう　りか　じゅぎょう　たんとう
⑤ 親に負担をかけたくない。
　おや　ふたん
⑦ となりの人と会話練習のペアを組む。
　　　　　ひと　かいわれんしゅう　　　　く
⑨ プラモデルを組み立てる。
　　　　　　　　く　た

② 教師は若者の成長のせき任を担う。
　きょうし　わかもの　せいちょう　　　にん　にな
④ レジの仕事をアルバイトに任せる。
　　　　しごと　　　　　　　　　まか
⑥ 内科の医師に相談する。
　ないか　いし　そうだん
⑧ 同じ組の友達とあそぶ。
　おな　くみ　ともだち
⑩ 学校という組織のトップは校長だ。
　がっこう　　　そしき　　　　　　こうちょう

①	②	③	④	⑤
⑥	⑦	⑧	⑨	⑩　　　　しき

◆ 漢字を書きましょう
　かんじ　　か

① 重要な仕事を部長にまかされる。
　じゅうよう　しごと　ぶちょう
③ たんにんの先生にほめられる。
　　　　　　　せんせい
⑤ ちょうりしとして病院で働く。
　　　　　　　　　びょういん　はたら
⑦ 試合のくみあわせが決まった。
　しあい　　　　　　　　き

② 未来をになう若者に期待する。
　みらい　　　　わかもの　きたい
④ 高校きょうしになりたい。
　こうこう
⑥ うでをくんで考え事をしている。
　　　　　　　かんが　ごと
⑧ テレビばんぐみを録画する。
　　　　　　　　　ろくが

①	②	③	④
⑤	⑥	⑦	⑧

机 (6)	つくえ キ
机				

座 (10)	すわーる ザ
座				

板 (8)	いた ハン　バン
板				

筆 (12)	ふで ヒツ
筆				

◆ 漢字を読みましょう
かんじ　よ

① 机の上に教科書を出す。
うえ　きょうかしょ　だ

② 入学祝いに父が机を買ってくれた。
にゅうがくいわ　ちち　か

③ つかれたのでベンチに座った。
すわ

④ 星座うらないを信じる。
しん

⑤ 木の板を買って、犬小屋を作った。
き　か　いぬごや　つく

⑥ 黒板に字を大きく書く。
じ　おお　か

⑦ 掲示板で学校のお知らせを見る。
がっこう　し　み

⑧ 書道で使う筆を買う。
しょどう　つか　か

⑨ えん筆を貸してください。
か

⑩ 万年筆をプレゼントする。

①	②	③	④	⑤

⑥	⑦ けいじ	⑧	⑨	⑩

◆ 漢字を書きましょう
かんじ　か

① いすをつくえの中に入れる。
なか　い

② ソファにすわってテレビを見る。
み

③ たたみの部屋でせいざする。
へや

④ まないたの上で野菜を切る。
うえ　やさい　き

⑤ 先生のばんしょの字が読めない。
せんせい　じ　よ

⑥ ひっしゃの意見に賛成だ。
いけん　さんせい

⑦ ひっきしけんを受ける。
う

⑧ ふでで年がじょうを書いた。
ねん　か

①	②	③	④

⑤	⑥ 者 しゃ	⑦	⑧

とくべつな言葉……机上、板木
きじょう　はんぎ

82

社会科
しゃかいか

Social Studies
社会课
Xã hội học

政 (9)	まつりごと セイ　ショウ

政				

治 (8)	おさ-まる　おさ-める　なお-る なお-す ジ　チ

治				

経 (11)	へ-る ケイ　キョウ

経				

済 (11)	す-む　す-ます サイ

済				

◆ 漢字を読みましょう
かんじ　よ

① 国民のための政治が良い社会を作る。
こくみん　　　　　　よ　　しゃかい　つく

② 政府は税金を上げることを発表した。
せいきん　あ　　　　　　　はっぴょう

③ 大とうりょうは 20 年も国を治めている。
だい　　　　　　　ねん　くに　おさ

④ 病気が早く治るように願う。
びょうき　はや　なお　　　　ねが

⑤ 歯医者に行って虫歯を治してもらった。
は いしゃ　い　　　むしば　なお

⑥ 長い年月を経て町の様子が変わった。
なが　ねんげつ　へ　まち　ようす　か

⑦ 経済学部を卒業して銀行員になった。
けいざいがくぶ　そつぎょう　　ぎんこういん

⑧ 経験を積んで早く一人前になりたい。
けいけん　つ　　はや　いちにんまえ

⑨ 漢字の勉強が済んだら次は文法だ。
かんじ　べんきょう　す　　　つぎ　ぶんぽう

⑩ ゲームをする前に宿題を済ました。
まえ　しゅくだい　す

①	②	③	④	⑤

⑥	⑦	⑧	⑨	⑩

◆ 漢字を書きましょう
かんじ　か

① せいじに関心が持てない人が多い。
かんしん　も　　　ひと　おお

② 薬を飲んだら、せきがおさまった。
くすり　の

③ 病気をなおすために入院する。
びょうき　　　　　　にゅういん

④ 早くちりょうしてもらったほうがいい。
はや

⑤ 留学をへて通訳者になった。
りゅうがく　　　つうやくしゃ

⑥ 日本でけいけんしたことは忘れない。
に ほん　　　　　　　　　わす

⑦ 用事をすましてから家へ帰った。
ようじ　　　　　　　いえ　かえ

⑧ 車のローンをへんさいする。
くるま

①	②	③	④ 療 りょう

⑤	⑥	⑦	⑧

とくべつな言葉……　政、摂政、お経
まつりごと　ぜっしょう　きょう

体育
たいいく

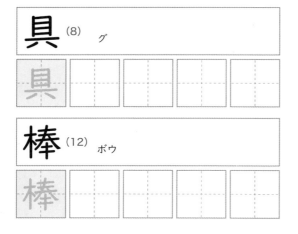

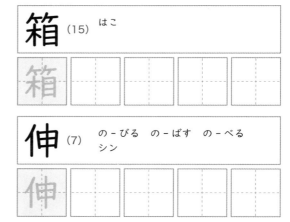

◆ 漢字を読みましょう
かんじ　よ

① 調理道具をそろえる。
ちょうり

③ 具体例を出して説明した。
だ　せつめい

⑤ 空き箱におもちゃをしまう。

⑦ 一日中歩いて足が棒になった。
いちにちじゅうある　　あし

⑨ 救いの手を差し伸べる。
すく　　て

② 文具店でノートを買う。
か

④ 商品を箱につめる。
しょうひん

⑥ 棒を使ってストレッチする。
つか

⑧ 1年で身長が5センチ伸びた。
ねん　しんちょう

⑩ 運動の前に屈伸をする。
うんどう　まえ　　くっ

①	②	③ れい	④	⑤
⑥	⑦	⑧	⑨	⑩ くっ

◆ 漢字を書きましょう
かんじ　か

① 新しいかぐを買う。
あたら

③ はこから本を出して机にならべた。
ほん　だ　　つくえ

⑤ 学校のてつぼうであそんだ。
がっこう

⑦ 学力をもっとのばしたい。
がくりょく

② 公園のゆうぐであそぶ。
こうえん

④ 部屋のすみにゴミばこを置く。
へや　　　　　　　　　お

⑥ アンケート結果をぼうグラフで表す。
けっか　　　　　　　　あらわ

⑧ 朝起きてのびをする。
あさお

①	② 遊 ゆう	③	④
⑤	⑥	⑦	⑧

9章　復習
ふくしゅう

1. 漢字の読み方を書いてください。
かんじ　　よ　かた　　か

① 未来を担う子どもたちを社会全体で育てる。
みらい　にな　こ　　　　　　　　しゃかいぜんたい　そだ

①

② この文しょうで筆者が言いたいことは何だろうか。
ぶん　　　　　　　い　　　　　　　　なん

②	しゃ

③ 政府は税金を上げることを決定した。
せいふ　ぜいきん　あ　　　　　　　けってい

③

④ 小川さんはしっかりしているので何でも任せられる。
おがわ　　　　　　　　　　　　　なん　まか

④

⑤ つかれたので、いすに座ってコーヒーを飲んだ。
すわ　　　　　　　　　　　の

⑤

⑥ 幼い子どもだけで外を歩くと危ない。
おさな　こ　　　　　そと　ある　　あぶ

⑥

⑦ 机といすをきちんとならべてください。
つくえ

⑦

⑧ 子どもがかぜを引いたので、小児科へ連れて行く。
こ　　　　　　ひ　　　　　　しょうにか　つ　　い

⑧

⑨ 中学生の時、1年間で身長が10センチも伸びた。
ちゅうがくせい　とき　　ねんかん　しんちょう　　　　　　　　の

⑨

⑩ 病気の治療に3か月かかった。
びょうき　ちりょう　　　げつ

⑩	りょう

2. 漢字を書いてください。
かんじ　か

① 父は小学校のきょうしをしている。
ちち　しょうがっこう

①

② 仲が良かった友達と、ちがうくみになってしまった。
なか　よ　　　　　ともだち

②

③ 先生がこくばんに書いた漢字が難しくて読めなかった。
せんせい　　　　　　か　　かんじ　むずか　　　よ

③

④ 引っこしをしたら、新しいかぐを買いたくなった。
ひ　　　　　　　　あたら　　　　　　か

④

⑤ 使い終わったペンは、そのはこに入れてください。
つか　お　　　　　　　　　　　　　い

⑤

⑥ 子どものころ、母にどうわを読んでもらった。
こ　　　　　　　はは　　　　　　よ

⑥

⑦ 記入が全部すんだら教えてください。
きにゅう　ぜんぶ　　　　　おし

⑦

⑧ 山田先生は、どのせいとにも優しい。
やまだせんせい　　　　　　　　やさ

⑧

⑨ 日本のけいざいについて勉強したいと思っている。
にほん　　　　　　　　　　べんきょう　　　　おも

⑨

⑩ 昨日3時間も歩いたので、足がぼうになった。
きのう　じかん　ある　　　　　あし

⑩

希望
きぼう

希 (7)　キ

夢 (13)　ゆめ
　　　　 ム

望 (11)　のぞ-む
　　　　 ボウ　モウ

的 (8)　まと
　　　　テキ

◆ 漢字を読みましょう
かんじ　よ

① 希少動物をほごする。
　 きしょうどうぶつ

② 希望の大学に合格した。
　 きぼう　だいがく　ごうかく

③ 望遠鏡で星を見る。
　 ぼうえんきょう　ほし　み

④ 親が望んでいたので医者になった。
　 おや　のぞ　　　　　　 いしゃ

⑤ 夢に好きな人が出てきた。
　 ゆめ　す　　ひと　で

⑥ 子どものころの夢は歌手だった。
　 こ　　　　　　　 ゆめ　かしゅ

⑦ オンラインゲームに夢中になる。
　　　　　　　　　　　 むちゅう

⑧ 彼女のファッションは注目の的だ。
　 かのじょ　　　　　　　 ちゅうもく　まと

⑨ 今年は全国的に暑かった。
　 ことし　ぜんこくてき　あつ

⑩ 日本に来た目的を聞かれた。
　 にほん　き　もくてき　き

①	②	③　　　　きょう	④	⑤
⑥	⑦	⑧	⑨	⑩

◆ 漢字を書きましょう
かんじ　か

① きぼう校は、東京大学だ。
　　　 こう　とうきょうだいがく

② 幸せになりたいとのぞむ。
　 しあわ

③ 彼の言動には本当にしつぼうした。
　 かれ　げんどう　ほんとう

④ あくむにうなされてねむれなかった。

⑤ たからくじに当たるなんてゆめのようだ。
　　　　　　　 あ

⑥ テストで予想がてきちゅうした。
　　　　　　 よそう

⑦ 日本のだいひょうてきな小説を読む。
　 にほん　　　　　　　　　　 しょうせつ　よ

⑧ 入試までけいかくてきに勉強する。
　 にゅうし　　　　　　　　　 べんきょう

①	②	③ 失　　　　　　④ 悪
		しっ　　　　　　　あく
⑤	⑥	⑦　　　　　　　 ⑧

とくべつな言葉……所望
　　　　　 ことば　　しょ もう

学校探し
がっこうさが

可 (5)　カ

可				

能 (10)　ノウ

能				

調 (15)　しら−べる　ととの−う
ととの−える
チョウ

調				

選 (15)　えら−ぶ
セン

選				

◆ 漢字を読みましょう
かんじ　よ

① 可能なかぎりがんばりたい。

② 合格の可能性は 50% だ。
ごうかく

③ 彼はすばらしい才能を持っている。
かれ　　　　　　　　　　も

④ 日本語能力試験を受けた。
にほんご

⑤ 出願書類の準備が調った。
しゅつがんしょるい　じゅんび

⑥ 運動を始めたら体の調子が良い。
うんどう　はじ　　　からだ　　　　よ

⑦ 辞書で言葉の意味を調べる。
じしょ　ことば　いみ

⑧ アンケート調査を行った。
おこな

⑨ 通学を考えて家から近い学校を選ぶ。
つうがく　かんが　いえ　　ちか　がっこう

⑩ 新しい市長を決める選きょがある。
あたら　　しちょう　き

①	②	③	④	⑤
⑥	⑦	⑧	⑨	⑩

◆ 漢字を書きましょう
かんじ　か

① この世にふかのうなことはない。
よ

② のうりょくを仕事にいかす。
しごと

③ このメーカーの車はせいのうが良い。
くるま　　　　　　　　よ

④ かぜを引いてたいちょうが良くない。
ひ

⑤ 受験勉強はじゅんちょうに進んでいる。
じゅけんべんきょう　　　　　　すす

⑥ 塩を入れて味をととのえる。
しお　い　　あじ

⑦ サッカーの日本代表にえらばれた。
にほんだいひょう

⑧ 私の姉はテニスせんしゅだ。
わたし　あね

①	②	③	④
⑤	⑥	⑦	⑧

面接 I
めんせつ

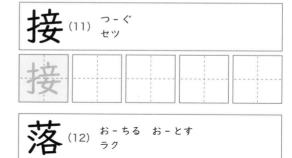

面 (9)　おも　おもて　つら
　　　　メン

受 (8)　うーかる　うーける
　　　　ジュ

接 (11)　つーぐ
　　　　セツ

落 (12)　おーちる　おーとす
　　　　ラク

◆ 漢字を読みましょう
かんじ　　よ

① アルバイトの面接を受けた。

② 彼女は面長美人だ。
　かのじょ　　おもなが　びじん

③ 面接では外面が良くてもだめだ。
　めんせつ　　そとづら

④ 私の家は大通りに面している。
　わたし　いえ　おおどお

⑤ バラの若木を接ぐ。
　　　わかぎ

⑥ 週末、大型台風が接近するそうだ。
　しゅうまつ　おおがたたいふう　せっきん

⑦ 投手のボールを受ける。
　とうしゅ

⑧ 大学を 3 校、受験する予定だ。
　だいがく　こう　じゅけん　　よてい

⑨ 駅でさいふを落としたようだ。
　えき

⑩ 近所にかみなりが落ちておどろいた。
　きんじょ

①	②	③	④	⑤
⑥	⑦	⑧	⑨	⑩

◆ 漢字を書きましょう
かんじ　　か

① しょうめんを向いて話す。
　　　　　　む

② 湖のおもてに太陽が映る。
　みずうみ　　　たいよう　うつ

③ 人とせっする仕事がしたい。
　ひと　　　　しごと

④ 行きたい大学にうかってうれしい。
　い　　　だいがく

⑤ お店のあん内メールをじゅしんした。
　みせ　　　ない

⑥ 合格通知を速達でうけとった。
　ごうかくつうち　そくたつ

⑦ パソコンの電げんをおとす。
　　　　　　でん

⑧ らくごを見に行く。
　　　　　み　い

①	②	③	④
⑤	⑥	⑦	⑧

とくべつな言葉……面白い
　　　　　　　おもしろ

88

面接2
めんせつ

倍 (10)　バイ

率 (11)　ひき-いる
　　　　ソツ　リツ

平 (5)　たい-ら　ひら
　　　　ヘイ　ビョウ

均 (7)　キン

◆ 漢字を読みましょう
かんじ　よ

① 受験者数は去年の二倍だそうだ。
　じゅけんしゃすう　きょねん

② この大学は人気があって倍率が高い。
　だいがく　にんき　　　　　　　　　たか

③ 人一倍元気よく、質問に答える。
　げんき　　　　しつもん　こた

④ 学生を率いて、遠足へ行く。
　がくせい　　　　えんそく　い

⑤ 雨が降る確率は 10%だ。
　あめ　ふ

⑥ 水が入ったバケツを平らに持つ。
　みず　はい　　　　　　　　　　も

⑦ 彼は入社以来ずっと平社員のままだ。
　かれ　にゅうしゃいらい

⑧ 平日の夕方はアルバイトをしている。
　　　　ゆうがた

⑨ 前回のテストの平均は 80 点だった。
　ぜんかい　　　　　　　　　　てん

⑩ 百円均一の店でボールペンを買った。
　ひゃくえん　　　みせ　　　　　　　　か

①	②	③	④	⑤ かく
⑥	⑦	⑧	⑨	⑩

◆ 漢字を書きましょう
かんじ　か

① 売り上げは去年のさんばいだ。
　う　あ　　　　きょねん

② こうりつ良く仕事をする。
　　　　　　よ　しごと

③ 先生が生徒をいんそつする。
　せんせい　せいと

④ へいわな世の中を望んでいる。
　　　　　よ　なか　のぞ

⑤ 私はへいせい 10 年生まれだ。
　わたし　　　　　　　ねん う

⑥ たいらな岩の上に座る。
　　　　　いわ　うえ　すわ

⑦ 手のひらを広げて手相を見てもらう。
　て　　　　ひろ　てそう　み

⑧ ケーキをびょうどうに切り分ける。
　　　　　　　　　　　き　わ

①	② 効 こう	③	④
⑤	⑥	⑦	⑧　　　どうに

成績
せいせき

成 (6)	なーる　なーす セイ　ジョウ				
成					

績 (17)	セキ				
績					

良 (7)	よーい リョウ				
良					

悪 (11)	わるーい アク　オ				
悪					

◆ 漢字を読みましょう
かんじ　よ

① このろん文は５つのしょうから成る。

② 難関校合格という目ひょうを成しとげた。

③ ロケットの打ち上げに成功する。

④ 苦手科目の成績が上がってうれしい。

⑤ あの会社は最近業績が伸びている。

⑥ 体調が良くないので、早退した。

⑦ 検査の結果は良好だった。

⑧ 明日は天気が悪くなるそうだ。

⑨ 悪気はなく失礼なことをしてしまった。

⑩ 熱もあるし、悪寒もする。

①	②	③	④	⑤ ぎょう

⑥	⑦	⑧	⑨	⑩

◆ 漢字を書きましょう
かんじ　か

① 学校の新しいビルがかんせいした。

② 子どものせいちょうを楽しみにする。

③ 優勝という目ひょうをたっせいした。

④ せいじんしきに和服を着る。

⑤ 研究者としてのじっせきをあげる。

⑥ ふりょうひんを返品する。

⑦ 友達にわるぐちを言われて悲しかった。

⑧ 寒い中外出したら、かぜがあっかした。

①	②	③	④

⑤ 実	⑥	⑦	⑧

とくべつな言葉……成就
じょうじゅ

10章 復習
ふくしゅう

1. 漢字の読み方を書いてください。

① 倍率の高い学校に合格することができた。
ばいりつ　たか　がっこう　ごうかく

② 子どもの成長を写真に記録している。
こ　せいちょう　しゃしん　きろく

③ 今度の校外学習は教師10人で引率する。
こんど　こうがいがくしゅう　きょうし　にん　いんそつ

④ 人の悪口は言わないほうがいい。
ひと　わるぐち　い

⑤ 大学に受かったことをすぐに親に報告した。
だいがく　う　おや　ほうこく

⑥ 富士山を3時間で登るのは不可能だ。
ふじさん　じかん　のぼ　ふかのう

⑦ 彼は外面ばかり良くて、話の内ようは信用できない。
かれ　そとづら　よ　はなし　ない　しんよう

⑧ 彼はまじめな性格で、成績も良好な青年だ。
かれ　せいかく　せいせき　りょうこう　せいねん

⑨ 大学の面接があるので、先生に練習をお願いした。
だいがく　めんせつ　せんせい　れんしゅう　ねが

⑩ 体調をくずして、学校を3日間休んだ。
たいちょう　がっこう　か　かんやす

① _____
② _____
③ _____
④ _____
⑤ _____
⑥ _____
⑦ _____
⑧ _____
⑨ _____
⑩ _____

2. 漢字を書いてください。

① きぼうの大学に合格することができた。
だいがく　ごうかく

② どこかで時計をおとしてしまったようだ。
とけい

③ ゲームにむちゅうになって、寝るのが遅くなった。
ね　おそ

④ 代表チームをひきいて、外国チームと戦った。
だいひょう　がいこく　たたか

⑤ 古くなったので、せいのうがいいパソコンを買った。
ふる　か

⑥ フランス留学のもくてきは、おかし作りを学ぶことだ。
りゅうがく　づく　まな

⑦ 勉強時間は1日へいきん3時間ぐらいだ。
べんきょうじかん　にち　じかん

⑧ クラスのスピーチ代表にえらばれた。
だいひょう

⑨ 辞書でわからない言葉をしらべる。
じしょ　ことば

⑩ 彼はすばらしいせいせきで卒業した。
かれ　そつぎょう

① _____
② _____
③ _____
④ _____
⑤ _____
⑥ _____
⑦ _____
⑧ _____
⑨ _____
⑩ _____

アチーブメントテスト

【1】 次の文の下線をつけた言葉の読み方を①～④の中から選び、番号を書いてください。

1. 児童のための本はわかりやすいので日本語の勉強に役立つ。
　①にどう　　　　②じどう　　　　③こどう　　　　④しどう

2. 会社では海外営業部でアジアを担当している。
　①たんと　　　　②だんとう　　　　③たんとう　　　　④だんど

3. たたみの部屋では正座をするのが、日本のしゅうかんである。
　①せいせ　　　　②しょうざ　　　　③せいざ　　　　④しょうさ

4. 入学祝いに、ずっと欲しかった望遠鏡を買ってもらった。
　①ぼえんきょう　　②ぽうえんきょう　　③ほうえんきょう　　④ぼうえんきょう

5. 10年という時間を経て、新しいビルがかん成した。
　①けいて　　　　②えて　　　　③きょうて　　　　④へて

1.	2.	3.	4.	5.

【2】 次の文の下線をつけた言葉の漢字を①～④の中から選び、番号を書いてください。

1. 学校のせいせきがよかったので、親にほめられた。
　①成積　　　　②成績　　　　③正績　　　　④成席

2. この世の中にふかのうなことはないと信じている。
　①不可能な　　　②不付能な　　　③不日能な　　　④不非能な

3. 人とせっするのが好きなので、ホテルで働きたいと思っている。
　①切する　　　　②仲する　　　　③折する　　　　④接する

4. 日本でいろいろなけいけんをすることができた。
　①軽験　　　　②経験　　　　③組験　　　　④計験

5. 早くかぜをなおして学校に行きたい。
　①直して　　　　②注して　　　　③治して　　　　④汗して

1.	2.	3.	4.	5.

【３】①〜⑳の下線部の漢字または読み方を書いてください。
かせんぶ　かんじ　　よ　かた　か

私の日記
わたし　にっき

４月　７日
がつ　なのか
ついにあこがれの①的、小川君と同じ②くみになった。やったあ！
おがわくん　おな

③担任は田中先生。とても人気があって、どの④せいとにも優しい先生だ。
たなかせんせい　　にんき　　　　　　　　　　　　　　　やさ　せんせい

４月　８日
がつ　ようか
小川君が、学級委員に⑤選ばれた。さすがだなあ…。
おがわくん　　がっきゅういいん

４月　20日
がつ　はつか
今日のテスト、⑥平均点より⑦わるかった。もっと勉強しなきゃ。
きょう　　　　　　　　　　　　　　　　　　　　　　べんきょう

でも、⑧落ちこんでいる私を小川君がはげましてくれた。
わたし　おがわくん

５月　１日
がつ　ついたち
虫歯がいたくなって歯医者に行った。早く⑨なおるといいなあ。
むしば　　　　　　はいしゃ　い　　はや

７月　21日
がつ　にち
今日から夏休み。小川君といっしょに図書館で勉強した。小川君のお気に入
きょう　なつやす　おがわくん　　　　　　　としょかん　べんきょう　　おがわくん　き

りの⑩文具を見せてもらった。勉強を⑪すましてから、二人で公園へ行った。
み　　　　　　べんきょう　　　　　　　　ふたり　こうえん　い

ベンチに⑫座って、アイスを食べながらおしゃべりした。楽しかった。
た　　　　　　　　　　　たの

８月　３日
がつ　みっか
小川君が公園の⑬鉄棒でけんすいしているのを見た。かっこよかった。
おがわくん　こうえん　　　　　　　　　　　　　　み

９月　５日
がつ　いつか
身体測定で身長を測ったら、去年から２センチ⑭のびていた。うれしい。
しんたいそくてい　しんちょう　はか　　きょねん

１月　22日
がつ　にち
小川君と同じ高校を⑮じゅけん。⑯ひっき試験と⑰面接があった。人気校な
おがわくん　おな　こうこう　　　　　　　　しけん　　めんせつ　　　にんきこう

ので⑱ばいりつが高い。私も小川君も合格しますように…。
たか　わたし　おがわくん　ごうかく

２月　１日
がつ　ついたち
二人とも⑲希望の高校に合格！
ふたり　　　こうこう　ごうかく

３月　24日
がつにじゅうよっか
卒業式…小川君に告白された。ざっしの⑳星座うらないが当たった！
そつぎょうしき　おがわくん　こくはく　　　　　　　　　　あ

４月から、二人で一しょに高校に通えるといいなあ♡
がつ　　　　ふたり　いっ　　こうこう　かよ

①	②	③	④
⑤	⑥	⑦	⑧
⑨	⑩	⑪	⑫
⑬	⑭	⑮	⑯
⑰	⑱	⑲	⑳

【1】 みなさん、しょう来の夢は何ですか。□から文と合う仕事の言葉
ゆめ なん ぶん あ しごと ことば
を選んで、下線部の読み方を書いてください。
えら かせんぶ よ かた か

① ともこ：子どもとあそぶのが大好きで、ピアノがとくい。
こ だい す

② たろう：小さいころから外国にいて英語がとくい。
ちい がいこく えいご

③ け　ん：病気で困っている子どもを助けたい。
びょうき こま こ たす

④ えりこ：女性だって国のリーダーになりたい。
じょせい くに

⑤ なおき：毎日２時間練習している。ゴールが決まるとうれしい。
まいにち じ かんれんしゅう き

| 小児科の医師 |
| しょう に か |
| 幼ち園の先生 |
| せんせい |
| 英語の教師 |
| えい ご |
| サッカー選手 |
| せんしゅ |
| 政治家 |
| か |

① ともこ	② たろう	③ けん	④ えりこ	⑤ なおき

【2】 リンさんはスーパーでアルバイトをしようと思っています。右から
おも みぎ
漢字を選んで□に書いて、読み方も（　　　）に書いてください。
かんじ えら か よ かた か

店 長 ：それでは① □□（　　　　　　）を始めます。
てんちょう はじ

　　　　リンさんは今どこに住んでいますか。
いま す

リ ン ：渋谷です。ここまで② □□（　　　　　　）で来ました。
しぶや き

店 長 ：近いですね。では、③ □□（　　　　　　）の曜日はありますか。
てんちょう ちか ようび

リ ン ：水曜日以外ならできます。
すいよう び い がい

店 長 ：そうですか、わかりました。
てんちょう

　　　　それでは、これから日本語の④ □□（　　　　　　）試験をします。
にほんご しけん

リ ン ：え？　今から日本語の試験があるんですか。
いま にほんご しけん

店 長 ：かん単な会話文を書くテストです。
てんちょう たん かいわぶん か

　　　　お客様とは日本語で話してもらいますから。
きゃくさま にほんご はな

リ ン ：わかりました。がんばります。

- -

店 長 ：おつかれさまでした。結果は明日電話します。
てんちょう けっか あしたでん わ

リ ン ：はい、よろしくお願いします。
ねが

記
徒
接
筆
面
望
歩
希

【3】ゆみこさんとはるかさんが小学校ときのクラス会で会いました。
下線部のひらがなには漢字を、漢字には読み方を書いてください。

ゆみこ：あの、やんちゃだった田中君、すっかり①真面目になったね。

はるか：うん。５年前に②ちょうりしのめんきょを取って、すし屋で働

いているんだって。お店の③業績が良くて、今度新しいお店

の店長になるそうだよ。「子どものころからの④ゆめだったから

うれしい」って話してくれたよ。

ゆみこ：すごいね！あのころは、⑤えん筆をわざと⑥おとしたり、授業の

あと⑦黒板に落書きしてあそんだり…。いつも先生に怒られてた。

はるか：そうそう。でも、クラスみんなの注目の⑧まとだったね。

①	②	③　ぎょう	④
⑤	⑥	⑦	⑧

【4】①〜⑩の読み方を書いてください。

頭の元気度チェック!!

あてはまるものに☑をしてください。

□ 小学校の時、同じ①組だった友達の名前を５人以上言えない。

□ 中学校一年生の時の②担任の先生の名前が言えない。

□ ③成績が急に④悪くなった。

□ 気づくと、ぼーっと⑤座っていることがある。

□ 最近⑥落ちこむことが多い。

□ 今、⑦夢がない。

☑が５〜６個：頭の元気がなくなっている⑧可能性があります。今すぐ⑨医師に相談を！

☑が３〜４個：最近つかれていませんか？たまには⑩伸びをして、頭を休めて！

☑が１〜２個：今は元気ですが、油断しないで！

☑が０個　　：あなたの頭はまだまだ元気！夢に向かってがんばろう！

①	②	③	④	⑤
⑥	⑦	⑧	⑨	⑩

1−10章 まとめテスト

【1】次の文の下線をつけた言葉の読み方を①〜④の中から選び、番号を書いてください。

1. 呼吸が苦しい場合は、直ちに救急車を呼びます。
   ①ちょくちに　　②ちゃくちに　　③じかちに　　④ただちに

2. テストの成績で、田中さんに勝る者はいない。
   ①かつる　　②しょうる　　③まさる　　④かる

3. 最近は、お茶わんなどの食器も百円均一の店で売っている。
   ①ちんいつ　　②きんいつ　　③かんいつ　　④きんいち

4. このプロジェクトのリーダーは君に任せるから、よろしくね。
   ①にんせる　　②たんせる　　③まかせる　　④になせる

5. 最新型のパソコンを買った。
   ①さいしんかた　　②さいしんけい　　③さっしんかた　　④さいしんがた

1.	2.	3.	4.	5.

【2】次の文の下線をつけた言葉の漢字を①〜④の中から選び、番号を書いてください。

1. 山田さんはかわいいし、せいかくもいいので、みんなの人気者だ。
   ①性格　　②正格　　③姓格　　④生格

2. けんこうのために、毎日やさいを食べるようにしている。
   ①野菜　　②野細　　③谷菜　　④野才

3. 熱があるので、医者からにゅうよくや運動はやめたほうがいいと言われた。
   ①入湯　　②入浴　　③入洗　　④入活

4. えいえんに変わらぬ愛など、本当にあるのだろうか。
   ①英園に　　②永園に　　③永遠に　　④英遠に

5. グラスにビールをそそぐロボットが開発された。
   ①汗ぐ　　②洗ぐ　　③液ぐ　　④注ぐ

1.	2.	3.	4.	5.

【3】①～⑳の下線部の漢字または読み方を書いてください。

レポーター　：　みなさんお待たせいたしました。

今日のレースで①ゆうしょうした、村田②選手にインタビュー

をします。本日はおめでとうございます。

村田　：　ありがとうございます。

レポーター　：　ゴール前、苦しそうでした。今日のレースをふり返って、いかがでしたか。

村田　：　25キロからスピードが③おちてしまいましたが、最後3キロで「この④位置からだっ

たらトップになれる。」と思って走ったらトップになれました。自分の持っている力を

全て出せたと思います。

レポーター　：　この１年間、⑤なやんだこともあったと聞いていますが…。

村田　：　ええ、⑥記録が⑦のびなくて、大変な⑧時期もありましたが、仲間や自分を⑨しん

じてここまで来ることができました…。思い出したら⑩なみだが出てきました。

レポーター　：　お気持ちわかります。⑪昨年、⑫けっこんされたのも大きなパワーになったのでは？

村田　：　そうですね。妻も先月うまれた⑬娘も、⑭よろこんでくれると思います。

レポーター　：　では最後に、おうえんしてくれたみなさんにメッセージをお願いします。

村田　：　はい。⑮ざんねんな⑯結果が多くて苦しかったとき、みなさんの⑰温かいご声え

んに⑱たすけられました。どうもありがとうございました。⑲ゆめをあきらめずに

練習すれば、きっといい結果が出ます。みなさんも、がんばってください。

レポーター　：　すてきな⑳えがおですね。これでインタビューを終わります。ありがとうございました。

---

①	②	③	④
⑤	⑥	⑦	⑧
⑨	⑩	⑪	⑫
⑬	⑭	⑮	⑯
⑰	⑱	⑲	⑳

授業
じゅぎょう

授 (11)	さず-かる　さず-ける ジュ

授				

業 (13)	わざ ギョウ　ゴウ

業				

級 (9)	キュウ

級				

卒 (8)	ソツ

卒				

◆ 漢字を読みましょう
かんじ　よ

① 子どもを授かる。
こ

② あの外科医の手術は神業だ。
げかい　しゅじゅつ

③ 学業で力を入れたことは何ですか。
ちから　い　　なん

④ 日本語の授業を受けている。
にほんご　　う

⑤ 仕事がいそがしくて2時間も残業した。
しごと　　　　　　じかん

⑥ 初級のクラスで勉強する。
べんきょう

⑦ 高級なレストランで食事をした。
しょくじ

⑧ 高校時代の同級生に会った。
こうこうじだい　　　　　あ

⑨ A社は今年、新卒をさい用しない。
しゃ　ことし　　　　　よう

⑩ 大学を卒業したら、日本で働きたい。
だいがく　　　　　　にほん　はたら

①	② かみ	③	④	⑤

⑥	⑦	⑧	⑨	⑩

◆ 漢字を書きましょう
かんじ　か

① しゅうしの学位をさずける。
がくい

② じゅぎょうは9時から始まる。
じ　　はじ

③ きょうじゅに研究について相談した。
けんきゅう　　そうだん

④ しばらく店をきゅうぎょうする。
みせ

⑤ 自動車ぎょうかいについて調べる。
じどうしゃ　　　　　　しら

⑥ 彼女はちゅうきゅうクラスの学生だ。
かのじょ　　　　　　　　　　がくせい

⑦ テストに合格して、しんきゅうできた。
ごうかく

⑧ 今月末、そつぎょうろん文のしめきりだ。
こんげつまつ　　　　　　ぶん

①	②	③	④

⑤	⑥	⑦	⑧

とくべつな言葉…… 業をにやす
ごう

欠席
けっせき

Absence
缺席
Vắng mặt

欠	(4)	かーける　かーく ケツ

欠

席	(10)	セキ

席

由	(5)	よし ユウ　ユウ　ユイ

由

訳	(11)	わけ ヤク

訳

◆ 漢字を読みましょう
かんじ　よ

① 茶わんのふちが欠けてしまった。
ちゃ

② 注意を欠いて、大きなミスをした。
ちゅうい　　　　　　　おお

③ 病気で授業を欠席する。
びょうき　じゅぎょう

④ 自分の席に着く。
じぶん　　　つ

⑤ これから出席をとります。

⑥ 彼の安否は知る由もない。
かれ　あんぴ　し

⑦ メキシコ経由でブラジルへ行く。
い

⑧ 遅れた理由は何ですか。
おく　　　りゆう　なん

⑨ この文を英語に訳してください。
ぶん　えいご

⑩ 申し訳ありません。

①	②	③	④	⑤
⑥	⑦	⑧	⑨	⑩ もう

◆ 漢字を書きましょう
かんじ　か

① 田中さんの行動は常識にかける。
たなか　　　　こうどう　じょうしき

② 彼のけってんは短気なところだ。
かれ　　　　　　　　たんき

③ しんかんせんのしていせきを予約した。
よやく

④ 会場で自分のざせきを探す。
かいじょう　じぶん　　　　　さが

⑤ バイトを辞めてじゆうな時間がふえた。
や　　　　　　　　じかん

⑥ 名前のゆらいを調べた。
なまえ　　　　　しら

⑦ つうやくの専門学校に通っている。
せんもんがっこう　かよ

⑧ 彼女はいいわけばかりする。
かのじょ

①	②	③ 指 し	④
⑤	⑥	⑦	⑧

とくべつな言葉…… 由緒ある
ゆいしょ

説明
せつめい

例 (8)	たと－える レイ

例 ▢ ▢ ▢ ▢

易 (8)	やさ－しい エキ　イ

易 ▢ ▢ ▢ ▢

解 (13)	と－ける　と－く　と－かす カイ　ゲ

解 ▢ ▢ ▢ ▢

説 (14)	と－く セツ　ゼイ

説 ▢ ▢ ▢ ▢

◆ 漢字を読みましょう
かんじ　よ

① 例えば、球技なら野球が好きだ。
きゅうぎ　やきゅう

② 運動会は例年通り行われる。
うんどうかい　どお　おこな

③ 易しい言葉で話す。
やさ　ことば　はな

④ 進学を安易に考えてはいけない。
しんがく　かんが

⑤ 貿易に関係がある仕事がしたい。
かんけい　しごと

⑥ 数学の問題を解いてみる。
すうがく　もんだい

⑦ 解熱剤を飲んだら、熱が下がった。
の　ねっ　さ

⑧ 彼女の考え方が理解できない。
かのじょ　かんが　かた

⑨ 社長は社員に会社の理念を説いた。
しゃちょう　しゃいん　かいしゃ　りねん

⑩ パソコンの使い方を説明した。
つか　かた

①	②	③	④	⑤ ぼう
⑥	⑦　　　ざい	⑧	⑨	⑩

◆ 漢字を書きましょう
かんじ　か

① れいのように答えてください。
こた

② れいがいは認めない。
みと

③ じつれいをあげて話す。
はな

④ あんいに仕事を引き受ける。
しごと　ひ　う

⑤ 問題集のかいせつを読む。
もんだいしゅう　よ

⑥ どっかいのテストが一番難しかった。
いちばんむずか

⑦ わかりやすくせつめいしてください。

⑧ 休みの日はしょうせつを読んでいる。
やす　よ

①	②	③ 実 じつ	④
⑤	⑥	⑦	⑧

とくべつな言葉……髪を解かす、遊説
かみ　と　ゆうぜい

努力
どりょく

Effort
努力
Nỗ lực

覚	(12)	おぼ－える　さ－ます　さ－める カク

覚				

忘	(7)	わす－れる ボウ

忘				

努	(7)	つと－める ド

努				

続	(13)	つづ－く　つづ－ける ゾク

続				

◆ 漢字を読みましょう
かんじ　よ

① 漢字を 350 字覚えた。
かんじ　じ

② 鳥の声で目を覚ます。
とり　こえ　め

③ 政治家の不正が発覚した。
せいじか　ふせい

④ 私は努力不足を自覚している。
わたし　どりょくぶそく　じかく

⑤ 家に忘れ物を取りに帰る。
いえ　わす　もの　と　かえ

⑥ 忘年会でたくさんお酒を飲んだ。
ぼうねんかい　さけ　の

⑦ 早寝早起きに努める。
はやねはやお　つと

⑧ 林さんは努力家だ。
はやし　どりょくか

⑨ 漢字の勉強を毎日続ける。
かんじ　べんきょう　まいにち　つづ

⑩ 連続ドラマを毎週見ている。
れんぞく　まいしゅうみ

①	②	③	④	⑤

⑥	⑦	⑧	⑨	⑩

◆ 漢字を書きましょう
かんじ　か

① 朝5時に目がさめた。
あさ　じ　め

② 寒さで手のかんかくがなくなる。
さむ　て

③ 大人になるとみかくが変わる。
おとな　か

④ 電車の中にかさをわすれた。
でんしゃ　なか

⑤ 事けんの解決につとめる。
じ　かいけつ

⑥ どりょくを重ねることは大切だ。
かさ　たいせつ

⑦ 雨が3日間ふりつづいている。
あめ　かかん

⑧ 雨が降っても試合をぞっこうする。
あめ　ふ　しあい

①	②	③	④

⑤	⑥	⑦	⑧

勉強
べんきょう

要 (9) いーる　かなめ
ヨウ

要

復 (12) フク

復

補 (12) おぎなーう
ホ

補

効 (8) きーく
コウ

効

◆ 漢字を読みましょう
かんじ　　　よ

① この仕事はかなり根気が要る。
　　しごと　　　　　こんき

② 山下選手はチームの要だ。
　やましたせんしゅ

③ 旅行に必要な費用を計算する。
　りょこう　　　ひよう　けいさん

④ 文しょうを要約してまとめる。
　ぶん

⑤ 家から学校まで往復３時間かかる。
　いえ　がっこう　　　　じかん

⑥ 来月から仕事に復帰する。
　らいげつ　しごと

⑦ サプリメントでビタミンを補っている。

⑧ テストの点が悪くて、補習を受けた。
　　　　てん　わる

⑨ この薬は効き目が早い。
　くすり　　　　　はや

⑩ 効果的な勉強法を教えてもらう。
　　　　　べんきょうほう　おし

①	②	③	④	⑤ おう
⑥	⑦	⑧	⑨	⑩

◆ 漢字を書きましょう
かんじ　　か

① しゅようなメンバーで会議をする。
　　　　　　　　　　かいぎ

② 彼はようちゅうい人物だ。
　かれ　　　　　　じんぶつ

③ 母の病気がかいふくした。
　はは　びょうき

④ 毎日、授業のふくしゅうをしている。
　まいにち　じゅぎょう

⑤ 汗をかいたので水分をほきゅうする。
　あせ　　　　　すいぶん

⑥ クラスのリーダーにりっこうほする。

⑦ 期げんがすぎてチケットがむこうになる。
　き

⑧ お金をゆうこうに使う。
　かね　　　　　　つか

①	②	③	④
⑤ 給 きゅう	⑥ 候 こう	⑦ 無 む	⑧

11^章 復習
ふくしゅう

1. 漢字の読み方を書いてください。
かんじ　　よ　かた　か

① 結婚10年目に赤ちゃんを授かった。　　　　　　①
　けっこん　ねんめ　あか

② 欠席するときは必ず学校に電話してください。　②
　けっせき　　　　　かなら　がっこう　でんわ

③ 海外の人気小説を日本語に訳した。　　　　　　③
　かいがい　にんきしょうせつ　にほんご　やく

④ 例年通り、文化祭は11月に行われる。　　　　④
　れいねんどお　ぶんかさい　　　がつ　おこな

⑤ 子どもでもわかるように易しい言葉で書いた。　⑤
　こ　　　　　　　　　　　　やさ　　ことば　か

⑥ 日本語が上手になるためには、毎日の努力が大切だ。⑥
　にほんご　じょうず　　　　　　　　まいにち　どりょく　たいせつ

⑦ 4日間連続で雨が降っている。　　　　　　　　⑦
　　かかんれんぞく　あめ　ふ

⑧ この問題はかん単なのですぐ解けた。　　　　　⑧
　　　もんだい　　　たん　　　　　　と

⑨ 工場を見学するには予約が要る。　　　　　　　⑨
　こうじょう　けんがく　　　よやく　い

⑩ 薬が効いて、すぐに熱が下がった。　　　　　　⑩
　くすり　き　　　　　　　ねつ　さ

2. 漢字を書いてください。
かんじ　か

① こうきゅうホテルでフランス料理を食べた。　　①
　　　　　　　　　　　　　りょうり　た

② 大学をそつぎょうしたら、父の会社で働くつもりだ。②
　だいがく　　　　　　　　　ちち　かいしゃ　はたら

③ 高校のクラス会にしゅっせきする。　　　　　　③
　こうこう　　　　　かい

④ 漢字を一日、5文字ずつおぼえる。　　　　　　④
　かんじ　いちにち　もじ

⑤ 会社に家のかぎをわすれて、家に入れなかった。⑤
　かいしゃ　いえ　　　　　　　　　いえ　はい

⑥ テストの前は勉強したところをふくしゅうしてください。⑥
　　　　　まえ　べんきょう

⑦ ホームステイをして日本文化のりかいが深まった。⑦
　　　　　　　　　　　にほんぶんか　　　　　ふか

⑧ パソコンの使い方をせつめいしてもらった。　　⑧
　　　　　つか　かた

⑨ 生活費をおぎなうためにアルバイトをしている。⑨
　せいかつひ

⑩ 彼女が会社を辞めたりゆうを知っていますか。　⑩
　かのじょ　かいしゃ　や　　　　　　　し

生物
せいぶつ

Living Things
生物
Sinh vật

種 (14)	たね シュ				
種					

類 (18)	たぐい ルイ				
類					

存 (6)	ソン　ゾン				
存					

在 (6)	あーる ザイ				
在					

◆ 漢字を読みましょう
かんじ　よ

① 畑にかぼちゃの種をまいた。
はたけ

② このりんごの品種は寒さに強い。
さむ　　つよ

③ 彼は類まれな才能を持っている。
かれ　　　　　さいのう　も

④ 大学に出願書類を送る。
だいがく　　　　おく

⑤ この店は花の種類が多い。
みせ　はな　　　　おお

⑥ 会社を存続させるために努力する。
かいしゃ　　　　　　　　どりょく

⑦ 米は低温で保存したほうがいい。
こめ　ていおん

⑧ UFOの存在を信じますか。
しん

⑨ 教育の在り方を考える。
きょういく　　　　かんが

⑩ 在学中はお世話になりました。
せわ

①	②	③	④	⑤

⑥	⑦ ほ	⑧	⑨	⑩

◆ 漢字を書きましょう
かんじ　か

① ひまわりのたねを買った。
か

② よぼうせっしゅを受けに行った。
う　　い

③ めいしを五十音順にぶんるいする。
ごじゅうおんじゅん

④ いるいをせい理するためケースを買った。
り　　　　　　　　か

⑤ 彼女はクラスで目立つそんざいだ。
かのじょ　　　　　　めだ

⑥ しっかり休んで体力をおんぞんする。
やす　　たいりょく

⑦ この火事のせいぞんしゃは3人だった。
かじ　　　　　　　　にん

⑧ ざいたくで仕事をしている。
しごと

①	② 防 ぼう	③	④

⑤	⑥	⑦	⑧

天体
てんたい

Astronomical Body
天体
Thiên thể

陽 (12) ヨウ
陽				

巨 (5) キョ
巨				

氷 (5) こおり　ひ　ヒョウ
氷				

河 (8) かわ　カ
河				

◆ 漢字を読みましょう
かんじ　よ

① 太陽は東からのぼって西にしずむ。
　ひがし　　　　　にし

② 山陽地方を旅行した。
　　　　　りょこう

③ 田中さんは陽気な人だ。
　たなか　　　　ひと

④ 巨大なドームを建設している。
　　　　　　　けんせつ

⑤ かぶで巨万のとみを手に入れた。
　　　　　　　て　い

⑥ 気温が氷点下になる。
　きおん

⑦ 広大な河を船で下った。
　こうだい　ふね　くだ

⑧ 温暖化で氷河がとけてきている。
　おんだんか

⑨ 台風で河川がはんらんした。
　たいふう

⑩ 船で運河をわたる。
　ふね

①	②	③	④	⑤

⑥	⑦	⑧	⑨	⑩

◆ 漢字を書きましょう
かんじ　か

① たいようの黒点について調べる。
　　　こくてん　　　しら

② 検査の結果はようせいだった。
　けんさ　けっか

③ 山田代議士は政界のきょじんだ。
　やまだだいぎし　せいかい

④ ダムけんせつにきょがくの費用を投じる。
　　　　　　　　　　　　　ひよう　とう

⑤ 寒さで手がこおりのように冷たい。
　さむ　て　　　　　　つめ

⑥ かきごおりにシロップをかける。

⑦ 船がひょうざんにぶつかった。
　ふね

⑧ かこうの付近でつりをする。
　　　　ふきん

①	②	③	④ 　　　額
			がく

⑤	⑥ かき	⑦	⑧

とくべつな言葉……氷雨
　　　　　　　　ひさめ

自然
しぜん

季 (8)	キ

候 (10)	そうろう コウ

暖 (13)	あたた－まる　あたた－める あたた－かい　あたた－か ダン

流 (10)	なが－れる　なが－す リュウ ル

◆ 漢字を読みましょう
かんじ　　　よ

① 日本には四季がある。
にほん

② 季節外れの雪が降った。
はず　　ゆき　ふ

③ 地球の気候変動が問題になっている。
ちきゅう　　きこうへんどう　もんだい

④ 天候不順の日が続いている。
てんこうふじゅん　ひ　つづ

⑤ ３月になって暖かくなってきた。
がつ

⑥ ストーブをつけると、すぐに部屋が暖まった。
へや

⑦ 地球温暖化が進んでいる。
ちきゅうおんだんか　すす

⑧ アマゾン川は南米を流れている。
がわ　なんべい

⑨ 涙を流しながらあやまった。
なみだ　なが

⑩ インフルエンザが流行している。
りゅうこう

①	②	せつ	③	④	⑤
⑥	⑦		⑧	⑨	⑩

◆ 漢字を書きましょう
かんじ　　　か

① うきは雨の日が続く。
あめ　ひ　つづ

② とうきオリンピックをテレビで見る。
み

③ こうほしゃの中から市長を選ぶ。
なか　しちょう　えら

④ 起きたらすぐ部屋をあたためる。
お　　　　　　へや

⑤ あたたかい日が続く。
ひ　つづ

⑥ 今年はだんとうで、雪が少ない。
ことし　　　　　　　　ゆき　すく

⑦ １点入り、試合のながれが変わった。
てんはい　しあい　　　　　　か

⑧ りゅうひょうを見に北海道へ行った。
み　ほっかいどう　い

①	②	③	者 しゃ	④
⑤	⑥	⑦		⑧

とくべつな言葉…… 候文、流布
そうろうぶん　る　ふ

地形１
ちけい

形 (7)	かた　かたち ケイ　ギョウ

形				

底 (8)	そこ テイ

底				

深 (11)	ふか－まる　ふか－める　ふか－い シン

深				

浅 (9)	あさ－い セン

浅				

◆ 漢字を読みましょう
かんじ　よ

① 星の形をしたブローチを買った。
ほし　　　　　　　　　　　　　　か

② あの女優は目を整形したそうだ。
じょゆう　め　せいけい

③ めいに人形をプレゼントする。

④ 水がよごれていて川の底が見えない。
みず　　　　　　　　かわ　　　み

⑤ 部屋を徹底的にそうじする。
へや

⑥ このプールは深いので注意が必要だ。
ふか　　　ちゅうい　ひつよう

⑦ 秋が深まり、こう葉がうつくしい。
あき　　　　　　よう

⑧ 深夜までアルバイトをしている。

⑨ ねむりが浅くすぐ目が覚める。
あさ　　　め　さ

⑩ 浅薄な考えですみません。
かんが

①	② せい	③	④	⑤ てっ

⑥	⑦	⑧	⑨	⑩　　　　　ぱくな

◆ 漢字を書きましょう
かんじ　か

① 雨にぬれて洋服のかたがくずれた。
あめ　　　　ようふく

② 伝とう的なけいしきで結婚式を行う。
てん　　　　　　　　　けっこんしき　おこな

③ 心のそこからお礼を言う。
こころ　　　　　れい　い

④ 三角形のていへんの長さを計算する。
さんかくけい　　　　　　なが　けいさん

⑤ かいていの地形を調査する。
ちけい　ちょうさ

⑥ 日本人との交流をふかめる。
にほんじん　　こうりゅう

⑦ しんかいぎょのさつえいに成功した。
せいこう

⑧ あさい海で泳ぐ。
うみ　およ

①	②	③	④

⑤	⑥	⑦	⑧

地形 2
ちけい

島	(10)	しま トウ				

島

陸	(11)	リク				

陸

岸	(8)	きし ガン				

岸

坂	(7)	さか ハン				

坂

◆ 漢字を読みましょう
かんじ　よ

① 日本は海にかこまれた島国だ。
にほん　うみ

② 日本列島は南北に細長い。
にほん　　　なんぼく　ほそなが

③ 無人島の探検ツアーにさんかした。
たんけん

④ ９時に飛行機が着陸する予定だ。
じ　ひこうき　　　　よてい

⑤ 台風が九州に上陸した。
たいふう　きゅうしゅう

⑥ 利根川の岸辺をさんぽする。
とねがわ

⑦ 毎朝海岸をランニングしている。
まいあさ

⑧ 小舟で対岸へわたる。
こぶね

⑨ 坂道で転んだ。
ころ

⑩ この町は坂が多い。
まち　　　おお

①	②	③	④	⑤

⑥	⑦	⑧ たい	⑨	⑩

◆ 漢字を書きましょう
かんじ　か

① このしまにはめずらしい植物が多い。
しょくぶつ　おお

② 下北はんとうへドライブに行く。
しもきた　　　　　　い

③ 海ガメがりくに上がってさん卵する。
うみ　　　　　あ　　　らん

④ 高校生の時、りくじょう選手だった。
こうこうせい　とき　　　　　　　せんしゅ

⑤ アメリカたいりくを横断する。
おうだん

⑥ かわぎしにきれいな花がさいている。
はな

⑦ おひがんに、はかまいりをする。

⑧ この辺りは上りざかが続いている。
あた　のぼ　　　　つづ

①	②	③	④

⑤	⑥	⑦	⑧

とくべつな言葉…… 登坂車線
とうはんしゃせん／とはんしゃせん

12章 復習
しょう　　ふくしゅう

1. 漢字の読み方を書いてください。
かんじ　よ　かた　か

① 夫婦そろって在宅で仕事をしている。
ふうふ　　　　ざいたく　しごと

② 森さんは無口なのに存在感がある。
もり　　　むくち　　　　そんざいかん

③ 気温が氷点下になると、水がこおる。
きおん　ひょうてんか　　　　みず

④ 巨大などうくつが発見された。
きょだい　　　　　　　はっけん

⑤ 彼女はとても陽気な人だ。
かのじょ　　　　　ようき　ひと

⑥ ここは気候が温暖で過ごしやすい。
きこう　おんだん　す

⑦ パナマ運河は大西洋と太平洋を結んでいる。
うんが　たいせいよう　たいへいよう　むす

⑧ 海の底にはめずらしい魚がいる。
うみ　そこ　　　　　　　　さかな

⑨ 昼間は授業があるので深夜のアルバイトを探す。
ひるま　じゅぎょう　　　　　しんや　　　　　　　　さが

⑩ ユーラシア大陸を横断する旅に出た。
たいりく　おうだん　たび　で

| ① |
| ② |
| ③ |
| ④ |
| ⑤ |
| ⑥ |
| ⑦ |
| ⑧ |
| ⑨ |
| ⑩ |

2. 漢字を書いてください。
かんじ　か

① このコンビニはパンのしゅるいが多い。
おお

② たいようが雲にかくれて見えなくなった。
くも　　　　　　　み

③ り歴書はけいしきのとおりに書いてください。
れきしょ　　　　　　　　　　か

④ 日本には春、夏、秋、冬のしきがある。
にほん　はる　なつ　あき　ふゆ

⑤ この数日、あたたかい日が続いている。
すうじつ　　　　　　　ひ　つづ

⑥ 旅館の前にはきれいな川がながれている。
りょかん　まえ　　　　　　　かわ

⑦ この川はあさいので歩いてわたれる。
かわ　　　　　　　ある

⑧ 夏休みにしまでキャンプをした。
なつやす

⑨ 急なさかみちを自転車で上った。
きゅう　　　　　　　じてんしゃ　のぼ

⑩ かいがんで日光浴をする。
にっこうよく

| ① |
| ② |
| ③ |
| ④ |
| ⑤ |
| ⑥ |
| ⑦ |
| ⑧ |
| ⑨ |
| ⑩ |

【１】次の文の下線をつけた言葉の読み方を①〜④の中から選び、番号を書いてください。

１. 高橋選手はオリンピックに３回連続して出場している。
    ①へんぞく   ②れんぞく   ③えんしょく   ④れんしょく

２. この文を日本語に訳してください。
    ①わくして   ②わやして   ③やくして   ④わけして

３. この問題は難しいので、解くのに時間がかかる。
    ①とく   ②ごかい   ③かいく   ④ほどく

４. 日本語の勉強を始めたばかりなので、易しい日本語だったら分かります。
    ①たのしい   ②やさしい   ③うつくしい   ④やすしい

５. 時間を有効に使うため計画を立てる。
    ①ゆうきに   ②ゆこうに   ③ゆうこうに   ④ゆきに

1.	2.	3.	4.	5.

【２】次の文の下線をつけた言葉の漢字を①〜④の中から選び、番号を書いてください。

１. 来年大学をそつぎょうする予定だ。
    ①終業   ②率業   ③卒行   ④卒業

２. 日本にはしきがあり、春になるとさくらがさく。
    ①四季   ②四期   ③四記   ④四委

３. わかりにくい問題はれいを示したほうがいい。
    ①例   ②倒   ③冷   ④列

４. このごろ、ざんぎょうが多くてつかれがたまっている。
    ①参業   ②浅業   ③残業   ④算業

５. 火星に生物がそんざいすると思いますか。
    ①在存   ②存在   ③村材   ④存材

1.	2.	3.	4.	5.

【3】①～⑳の下線部の漢字または読み方を書いてください。

新入生オリエンテーション
しんにゅうせい

下記の内容は留学生活を送る上で①重要なことです。②在学中はしっかり守ってください。
かき　ないよう　りゅうがくせいかつ　おく　うえ　　　　　　　　　　　　　　　　　　　　　　　　　　　　　　　まも

A.　③授業について

（1）　早く上手になるために、できるだけ日本語を使うようにしましょう。
　　　はや　じょうず　　　　　　　　　　　　　　　　　　にほんご　つか

（2）　授業が終わったら毎日必ず④ふくしゅうしましょう。文法⑤解説書があると自
　　　　　　　お　　　まいにちかなら　　　　　　　　　　　　　ぶんぽう
　　　宅学習に便利です。
　　　たくがくしゅう　べんり

（3）　漢字は毎日8文字ずつ⑥おぼえましょう。
　　　かんじ　まいにち　もじ

（4）　宿題やレポートは⑦わすれずに出してください。
　　　しゅくだい　　　　　　　　　　　　だ

（5）　中間テストや期末テストの成績で⑧進級を決定します。テストが60点以下の
　　　ちゅうかん　　きまつ　　　せいせき　　　　　けってい　　　　　　　　　てんいか
　　　場合は、⑨補習を受けてください。
　　　ばあい　　　　　　　　う

（6）　会話の授業は⑩4種類から選ぶことができます。
　　　かいわ　　　　　　　　　　えら

B.　⑪しゅっせきについて

（1）　学習⑫効果を上げるためにも、出席率100％を目指して、毎日学校へ来る
　　　がくしゅう　　　あ　　　　　　　　　　　　りつ　　　めざ　　　まいにちがっこう　く
　　　⑬どりょくを⑭続けてください。
　　　　　　　　　つづ

（2）　⑮けっせきの場合は必ず学校に連絡してください。
　　　　　　　　ばあい　かなら　がっこう　れんらく

（3）　受験で休む場合は、しょう明書が⑯ひつようです。
　　　じゅけん　やす　ばあい　　　めいしょ

（4）　ちこくした場合は⑰りゆうをきちんと⑱せつめいしてください。
　　　　　　　　ばあい

※日本人との⑲交流会にもさんかして日本についての知識を⑳ふかめましょう。
　にほんじん　　　　　　　　　　　　　　にほん　　　ちしき

アークアカデミー

①	②	③	④
⑤	⑥	⑦	⑧
⑨	⑩	⑪	⑫
⑬	⑭	⑮	⑯
⑰	⑱	⑲	⑳

【1】漢字パズルです。□の中を足して、言葉を作ってください。

例	女 ＋ 又 ＋ 力	力	=	努	力
①	言 ＋ 兑	日 ＋ 月	=		
②	ネ ＋ 甫	羽 ＋ 白	=		
③	ナ ＋ 月	六 ＋ メ ＋ 力	=		
④	禾 ＋ 重	米 ＋ 大 ＋ 頁	=		
⑤	王 ＋ 里	角 ＋ 刀 ＋ 牛	=		

【2】言葉を探して、その部分を黒くぬりましょう。黒くぬった部分をよく見ると、ひらがなが見えます。何というひらがなですか。

補	易	自	坂	説	席	卒
調	理	由	授	業	解	存
忘	覚	氷	要	補	訳	在
巨	例	河	由	通	例	島
訳	候	卒	授	訳	級	陸
深	形	例	年	上	気	候
岸	効	太	授	陸	季	底
解	河	陽	坂	道	由	続

（（例）は調理の部分）

【3】左の文と関係がある言葉になるように、□□から漢字を選んで
書いてください。

1. 授業が終わってからします。・・・・・・・・・・・・・・ □ □

2. 学校を休みます。・・・・・・・・・・・・・・・・・・・・・ □ □

3. 大学生活が終わりました。・・・・・・・・・・・・・・ □ □

4. 毎日がんばっています。・・・・・・・・・・・・・・・・ □ □

5. 英語の言葉を日本語にかえます。・・・・・・・・ □ □

| 復 | 訳 | 欠 | 努 | 卒 | 通 | 力 | 業 | 席 | 習 |

【4】パンフレットを見て、漢字には読みを、ひらがなには漢字を書い
てください。

ARC 科学館

ARC 科学館では、館内を①じゆうに見学することができます。全てのものをじっさいに
さわることができますので、②感覚を確かめてみてください。また、多くの③種類のアトラク
ションを体験することができます！ARC 科学館で、科学に関する知識を④ふかめましょう！

3D ムービーシアター上映中

★ 11:00 〜 11:30　海の中の生活って？？　〜⑤海底への旅〜

★ 12:00 〜 12:30　⑥氷河があぶない！？　〜アラスカへの旅〜

★ 13:00 〜 13:30　空から地球を見てみよう！　〜地球・月・⑦太陽の関係〜

★ 14:00 〜 14:30　⑧しきの移り変わりの中で見る日本　〜日本⑨列島の旅〜

※ ただいま⑩きょだいプラネタリウム
を建設中です！　お楽しみに!!

開館時間：10:00 〜 17:00　休館日：毎週水曜日
入場料：大人 800 円　学生・子ども 400 円

①	②	③	④	⑤
⑥	⑦	⑧	⑨	⑩

旅行 1
りょこう

準	(13)	ジュン
準					

備	(12)	そな-える　そな-わる
		ビ
備					

迎	(7)	むか-える
		ゲイ
迎					

変	(9)	か-わる　か-える
		ヘン
変					

◆ 漢字を読みましょう
かんじ　よ

① パーティーの準備を進める。
　　　　　　　　じゅんび　すす

② 下水の設備がととのった。
　げすい　せつび

③ 新井選手は守備がうまい。
　あらいせんしゅ　しゅび

④ 万一に備えて貯金する。
　まんいち　そな　ちょきん

⑤ 家族そろって新年を迎える。
　かぞく　しんねん　むか

⑥ 温かい出迎えを受ける。
　あたた　でむか　う

⑦ 駅からホテルまでの送迎バスがある。
　えき　そうげい

⑧ 葉の色が緑から赤に変わる。
　は　いろ　みどり　あか　か

⑨ この牛乳は変なにおいがする。
　　　ぎゅうにゅう　へん

⑩ 今年は変化の多い年だった。
　ことし　へんか　おお　とし

①	② せつ	③ しゅ	④	⑤
⑥	⑦	⑧	⑨	⑩

◆ 漢字を書きましょう
かんじ　か

① サッカーの全国大会でじゅんゆうしょうした。
　　　　　　　ぜんこくたいかい

② 引っ越しのじゅんびでいそがしい。
　ひ　こ

③ あの女性は気品がそなわっている。
　　じょせい　きひん

④ よびのタイヤを車に積む。
　　　　　くるま　つ

⑤ 父は来月、定年をむかえる。
　ちち　らいげつ　ていねん

⑥ そうげいバスに乗る。
　　　　　の

⑦ 顔色をかえて、部屋を出て行った。
　かおいろ　へや　で　い

⑧ 朝から山本さんの様子がへんだ。
　あさ　やまもと　ようす

①	②	③	④
⑤	⑥	⑦	⑧

旅行 2
りょこう

飛 (9)	と－ぶ　と－ばす ヒ

移 (11)	うつ－る　うつ－す イ

登 (12)	のぼ－る トウ　ト

泊 (8)	と－まる　と－める ハク

◆ 漢字を読みましょう
かんじ　よ

① 鳥が大空を飛ぶ。
とり　おおぞら

② 飛行機のチケットを買う。
か

③ 結婚して 2DK のアパートに移った。
けっこん

④ どこかでかぜを移されたようだ。

⑤ オーストラリアに移住する。

⑥ 夏休みに富士山に登る。
なつやす　ふじさん

⑦ けわしい登山道を歩く。
ある

⑧ 海辺のリゾートホテルに泊まる。
うみ べ

⑨ 友達を部屋に泊める。
ともだち　へ や

⑩ 二泊三日の旅行をする。
りょこう

①	②　　　　き	③	④	⑤
⑥	⑦	⑧	⑨	⑩

◆ 漢字を書きましょう
かんじ　か

① 紙ひこうきをとばす。
かみ

② 子どもが車道へとびだした。
こ　しゃどう

③ 空港まで車でいどうする。
くうこう　くるま

④ 病院でいしょく手術を受ける。
びょういん　しゅじゅつ　う

⑤ 店の場所を駅前にいてんする。
みせ　ばしょ　えきまえ

⑥ 冬山とざんは危険だ。
ふゆやま　きけん

⑦ インターネットで会員とうろくする。
かいいん

⑧ しゅくはく客をロビーで迎える。
きゃく　むか

①	②	③	④　　　　植 しょく
⑤	⑥	⑦	⑧

ツアー

Tour
游览
Tour du lịch

団 (6)　ダン　トン

団				

程 (12)　ほど
　　　　テイ

程				

欧 (8)　オウ

欧				

州 (6)　す
　　　　シュウ

州				

◆ 漢字を読みましょう

① あの宿は団体客の利用が多い。

② このチームは団結力が強い。

③ 地元の小さな楽団に入る。

④ 布団をしいて寝る。

⑤ 旅行の日程を決める。

⑥ 先程、田中さんから電話があったそうだ。

⑦ あのクラスは欧米の学生が多い。

⑧ 格安の欧州ツアーを予約する。

⑨ 今度の連休に九州を旅行する。

⑩ 三角州は川の河口近くにできる。

①	②	③	④ ふ	⑤
⑥	⑦	⑧	⑨	⑩

◆ 漢字を書きましょう

① だんたい料金のほうが安い。

② 子どものころ、だんちに住んでいた。

③ 会議のにっていを決める。

④ 目的地まであと１時間ほどかかる。

⑤ 英語はあるていど理解できる。

⑥ 食のおうべいかが進んでいる。

⑦ 青森県はほんしゅうの一番北にある。

⑧ 田中さんはきゅうしゅう出身だ。

①	②	③	④
⑤	⑥	⑦	⑧

観光 1

かんこう

観 (18) カン

舟 (6) ふね　ふな
シュウ

芸 (7) ゲイ

演 (14) エン

◆ 漢字を読みましょう
かんじ　よ

① 京都は観光地として有名だ。
きょうと　　　　　　　　　　ゆうめい

② 主観的な意見を言う。
いけん　い

③ 多くの観客の前でコンサートを行う。
おお　　　　　　　まえ　　　　　　　　　おこな

④ 小舟が岸にとまっている。
きし

⑤ 旅館の夕食に舟もりが出た。
りょかん　ゆうしょく　　　　　で

⑥ 園芸の技術を学び、家業をつぐ。
ぎじゅつ　まな　　かぎょう

⑦ パリは芸術の都とよく言われる。
みやこ　　　　い

⑧ 芸能界に入って、活やくしたい。
はい　　　かつ

⑨ 知事の演説を聞く。
ちじ　　　　き

⑩ ドラマの主役を演じる。
しゅやく

①	②	③	④	⑤
⑥	⑦　　　じゅつ	⑧	⑨	⑩

◆ 漢字を書きましょう
かんじ　か

① 人生かんがかわる。
じんせい

② リビングでかんよう植物を育てる。
しょくぶつ　そだ

③ 家族と浅草をかんこうした。
かぞく　あさくさ

④ 木のふねをこぐ。
き

⑤ ぶんげい作品を好んで読む。
さくひん　この　よ

⑥ でんとうげいのうを大切にする。
たいせつ

⑦ オペラのかいえん時間を待つ。
じかん　ま

⑧ 全選手がえんぎを終えた。
ぜんせんしゅ　　　　お

①	②　　　葉	③	④
	よう		
⑤	⑥　　　統	⑦	⑧　　　技
	とう		ぎ

とくべつな言葉……漁舟
ぎょしゅう

観光 2
かんこう

仏 (4)	ほとけ ブツ

仏					

神 (9)	かみ かん こう シン ジン

神					

祭 (11)	まつ―る まつ―り サイ

祭					

絵 (12)	カイ エ

絵					

◆ 漢字を読みましょう
かんじ　よ

① 仏様にお供えをする。
そな

② 仏心で彼に 100 万円貸した。
かれ　　まんえん か

③ 日本一大きい大仏を見に行く。
にほんいちおお　　　　　み　い

④ 神の存在を信じる。
そんざい　しん

⑤ 神経質な性格を直したい。
せいかく　なお

⑥ 亡くなった人を祭る。
な　　　　ひと

⑦ 夏祭りでかき氷を食べた。
こおり　た

⑧ あの店は祭日も営業している。
みせ　　　　えいぎょう

⑨ ロビーに絵画をかざる。

⑩ 駅前にある教室で油絵を習っている。
えきまえ　　きょうしつ　　　　なら

①	②	③	④	⑤

⑥	⑦	⑧	⑨	⑩

◆ 漢字を書きましょう
かんじ　か

① ねんぶつをとなえる。

② ぶっきょうは 6 世紀ごろ伝来した。
せいき　　　でんらい

③ じんじゃに初もうでに行く。
はつ　　　　い

④ ショックでしっしんした。

⑤ 大学のぶんかさいに行った。
だいがく　　　　　　い

⑥ 北海道のゆきまつりは人気がある。
ほっかいどう　　　　　　にんき

⑦ 子どもにえほんを読み聞かせる。
こ　　　　　　　よ き

⑧ 水性えのぐを使ってかく。
すいせい　　　　つか

①	②	③	④

⑤	⑥	⑦	⑧

とくべつな言葉……　神主、神々しい
かんぬし　こうごう

118

13章 復習
ふくしゅう

1. 漢字の読み方を書いてください。
かんじ　よ　かた　か

① 九州は自然が豊かで、外国人にも人気がある。
きゅうしゅう　しぜん　ゆた　　がいこくじん　　にんき
①

② 決勝戦で負けてしまい、準優勝に終わった。
けっしょうせん　ま　　　　　　じゅんゆうしょう　お
②

③ 家族から、神経質だと言われる。
かぞく　　　しんけいしつ　い
③

④ 食の欧米化が進み、子どもが魚を食べなくなった。
しょく　おうべいか　すす　こ　　　　さかな　た
④

⑤ 10名以上の場合、団体料金で入場できる。
めいいじょう　ばあい　だんたいりょうきん　にゅうじょう
⑤

⑥ いつかピカソの絵画を生で見てみたい。
かいが　なま　み
⑥

⑦ ドラマのヒロイン役を演じることになった。
やく　えん
⑦

⑧ 毎年、家族と神社に初もうでに出かける。
まいとし　かぞく　じんじゃ　はつ　　　で
⑧

⑨ 仏教の教えは6世紀ごろ日本に伝わった。
ぶっきょう　おし　　せいき　　にほん　つた
⑨

⑩ 小さい舟で川の向こう岸へわたる。
ちい　ふね　かわ　む　　ぎし
⑩

2. 漢字を書いてください。
かんじ　か

① 友達を駅までむかえに行った。
ともだち　えき　　　　　　　い
①

② 浴衣を着て、地元のなつまつりに行く。
ゆかた　き　　じもと　　　　　　　い
②

③ 旅行のにっていは、もう決まりましたか。
りょこう　　　　　　　　　き
③

④ 地震にそなえてヘルメットを買っておく。
じしん　　　　　　　　　　　か
④

⑤ テレビ局の前で有名なげいのうじんを見かけた。
きょく　まえ　ゆうめい　　　　　　　み
⑤

⑥ かんこうきゃくが年々少なくなっている。
ねんねんすく
⑥

⑦ わたり鳥のむれが南に向かってとんでいく。
どり　　　　みなみ　む
⑦

⑧ 最近、彼女の様子がなんかへんだ。
さいきん　かのじょ　ようす
⑧

⑨ にはくみっかの予定で、四国を車で旅行する。
よてい　　しこく　くるま　りょこう
⑨

⑩ バスよりもレンタカーでいどうしたほうが楽だ。
らく
⑩

室内 1
しつない

押 (8) 　おーす　おーさえる
　　　　オウ

押

引 (4) 　ひーく　ひーける
　　　　イン

引

取 (8) 　とーる
　　　　シュ

取

消 (10) 　きーえる　けーす
　　　　ショウ

消

◆ 漢字を読みましょう
かんじ　　よ

① ボタンを押して、係の人を呼ぶ。
　　　　　　かかり　ひと　よ
② しょうこ品を押収する。
　　　　　ひん
③ きずぐちをハンカチで押さえた。
④ 高いところは、こしが引ける。
　　たか
⑤ プロジェクトを強引に進める。
　　　　　　　　　　　　すす
⑥ 投げたボールを取る。
　　な
⑦ 新聞の取材を受ける。
　しんぶん
⑧ ろうそくの火が消える。
⑨ タバコの火を消す。
　　　　ひ
⑩ 消防車が 10 台出動した。
　　　　　　　だいしゅつどう

①	② しゅう	③	④	⑤
⑥	⑦	⑧	⑨	⑩ ぼう

◆ 漢字を書きましょう
かんじ　　か

① 電車の中でせなかをおされた。
　でんしゃ　なか
② 馬のたづなをひく。
　うま
③ タバコの火がガソリンにいんかした。
　　　　　ひ
④ 銀行でお金をひきだす。
　ぎんこう　かね
⑤ 有名な小説から一文をいんようした。
　ゆうめい　しょうせつ　いちぶん
⑥ 忘年会の予約をとりけす。
　ぼうねんかい　よやく
⑦ けしゴムをゆかに落とした。
　　　　　　　　　お
⑧ 天ぷらはしょうかに悪い。
　てん　　　　　　　　わる

①	②	③	④
⑤	⑥	⑦	⑧

室内2
しつない

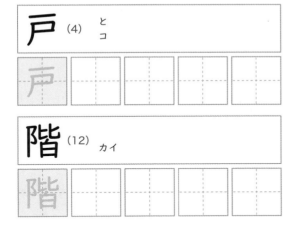

戸 (4) 　と
　　　　コ

窓 (11) 　まど
　　　　ソウ

階 (12) 　カイ

段 (9) 　ダン

◆ 漢字を読みましょう
かんじ　よ

① 風で戸が閉まった。
かぜ　と　し

② 食器を戸だなにしまう。
しょっき

③ 外国に門戸を開く。
がいこく　もんこ　ひら

④ 窓を開けて空気を入れかえる。
まど　あ　くうき　い

⑤ 窓ガラスをきれいにふく。
まど

⑥ 車窓からのながめは最高だった。
しゃそう　さいこう

⑦ パソコン売り場は6階です。
う　ば　かい

⑧ ゆっくり階段を下りる。
かいだん　お

⑨ 神社の石段を上る。
じんじゃ　いしだん　のぼ

⑩ 目的のためには手段を選ばない。
もくてき　しゅだん　えら

①	②	③	④	⑤
⑥	⑦	⑧	⑨	⑩

◆ 漢字を書きましょう
かんじ　か

① あみどがやぶれて、虫が入ってきた。
むし　はい

② いっこだてを建てる。
た

③ どうそうかいに出席する。
しゅっせき

④ まどガラスが、われてしまった。

⑤ 銀行のまどぐちで手続きをする。
ぎんこう　てつづ

⑥ エレベーターが4かいにとまった。

⑦ たなの3だんめに書類を入れた。
しょるい　い

⑧ だんかいを追って説明する。
お　せつめい

① あみ	② 　　　建て	③	④
⑤	⑥ 4	⑦ 3	⑧

植物
しょくぶつ

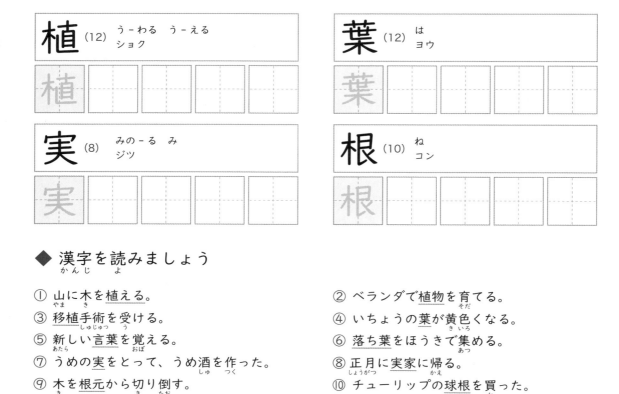

植 (12)	うーわる　うーえる ショク

葉 (12)	は ヨウ

実 (8)	みのーる　み ジツ

根 (10)	ね コン

◆ 漢字を読みましょう
かんじ　よ

① 山に木を植える。
やま　き　う

② ベランダで植物を育てる。
そだ

③ 移植手術を受ける。
いしょくしゅじゅつ　う

④ いちょうの葉が黄色くなる。
は　きいろ

⑤ 新しい言葉を覚える。
あたら　ことば　おぼ

⑥ 落ち葉をほうきで集める。
お　ば　あつ

⑦ うめの実をとって、うめ酒を作った。
み　しゅ　つく

⑧ 正月に実家に帰る。
しょうがつ　じっか　かえ

⑨ 木を根元から切り倒す。
き　ねもと　き　たお

⑩ チューリップの球根を買った。
きゅうこん　か

①	②	③ い	④	⑤
⑥	⑦	⑧	⑨	⑩

◆ 漢字を書きましょう
かんじ　か

① 畑にじゃがいもがうわっている。
はたけ

② うえきに水をやる。
みず

③ こうようを見に行く。
み　い

④ 努力がみを結ぶ。
どりょく　むす

⑤ 自分のじつりょくを試す。
じぶん　ため

⑥ 木のねを薬として飲む。
き　くすり　の

⑦ やねに積もった雪を下ろす。
つ　ゆき　お

⑧ 考え方がこんぽんからちがう。
かんが　かた

①	②	③ 紅 こう	④
⑤	⑥	⑦	⑧

建築
けんちく

Architecture
建筑
Kiến trúc

建 (9)　た－つ　た－てる
　　　　　ケン　コン

築 (16)　きず－く
　　　　　チク

構 (14)　かま－う　かま－える
　　　　　コウ

造 (10)　つく－る
　　　　　ゾウ

◆ 漢字を読みましょう
かんじ　よ

① 家の前にマンションが建つ。
　いえ　まえ
② 新しく寺を建立する。
　あたら　てら
③ 川にていぼうを築く。
　かわ
④ 新築マンションを買う。
　　　　　　　　　　か
⑤ 一等地に店を構える。
　いっとうち　みせ
⑥ 機械の内部構造を知る。
　きかい　ないぶ　　　し
⑦ この建物は大正時代に建てられた。
　　たてもの　たいしょうじだい　た
⑧ 巨大な船を造る。
　きょだい　ふね　つく
⑨ 木造の家でくらしたい。
　もくぞう　いえ
⑩ 造花のバラをかざる。
　ぞうか

①	②	③	④	⑤
⑥	⑦	⑧	⑨	⑩

◆ 漢字を書きましょう
かんじ　か

① 家のうらにアパートをたてる。
　いえ
② 最新のけんちく様式を取り入れる。
　さいしん　　　　ようしき　と　い
③ ちく100年の旅館に泊まる。
　　　ねん　りょかん　と
④ 番組をこうせいする。
　ばんぐみ
⑤ 駅のこうないにレストランができた。
　えき
⑥ 彼は身なりに全くかまわない人だ。
　かれ　み　　　　まったく　　　　ひと
⑦ あの橋は歴史的けんぞうぶつだ。
　　はし　れきしてき
⑧ ぞうせんぎょうで有名な町で育った。
　　　　　　　　　ゆうめい　まち　そだ

①	②	③	④
⑤	⑥	⑦	⑧

室内 3
しつない

設 (11) もう‐ける
セツ

柱 (9) はしら
チュウ

庫 (10) コ ク

向 (6) む‐く む‐ける む‐かう む‐こう
コウ

◆ 漢字を読みましょう
かんじ　よ

① 新しいルールを設ける。
あたら

② 建設会社で働く。
けんせつがいしゃ　はたら

③ パソコンのメールを設定する。

④ 太い柱が家を支えている。
ふと　いえ　ささ

⑤ 電柱に車がぶつかった。
でんちゅう　くるま

⑥ 金庫に現金を入れる。
げんきん　い

⑦ 彼女は下を向いたまま、だまっていた。
かのじょ　した

⑧ 急いでイベント会場へ向かう。
いそ　かいじょう

⑨ 通りの向こうに人が集まっている。
とお　ひと　あつ

⑩ 船は北へ方向を変えた。
ふね　きた　か

①	②	③	④	⑤
⑥	⑦	⑧	⑨	⑩

◆ 漢字を書きましょう
かんじ　か

① リゾートホテルをせっけいする。

② 会社をせつりつする。
かいしゃ

③ ダムをけんせつする。

④ 彼はチームのだいこくばしらだ。
かれ

⑤ しゃこにバイクを止める。
と

⑥ サービス業は自分にむいている。
ぎょう　じぶん

⑦ 大会にむけて練習する。
たいかい　れんしゅう

⑧ 彼はこうじょうしんがある。
かれ

①	②	③	④
⑤	⑥	⑦	⑧

とくべつな言葉…… 庫裏
くり

14章 復習（ふくしゅう）

1. 漢字の読み方を書いてください。

① 使（つか）わない部屋（へや）の電気（でんき）は消（け）すようにしている。　　①

② チームの大黒柱（おおぐろばしら）だった選手（せんしゅ）がけがで引退（いんたい）した。　　②

③ 駅（えき）から近（ちか）い新築（しんちく）のマンションに引（ひ）っこした。　　③

④ 古（ふる）い木造（もくぞう）のアパートに住（す）んでいる。　　④

⑤ 駅（えき）のホームで押（お）されて、転（ころ）びそうになった。　　⑤

⑥ テストでは自分（じぶん）の実力（じつりょく）が試（ため）される。　　⑥

⑦ やっと一戸建（いっこだ）てのマイホームを買（か）うことができた。　　⑦

⑧ 50キロもある金庫（きんこ）がぬすまれた。　　⑧

⑨ 緑（みどり）をふやすために、山（やま）に多（おお）くの木（き）を植（う）えた。　　⑨

⑩ この寺（てら）は100年前（ねんまえ）に建立（こんりゅう）された。　　⑩

2. 漢字を書いてください。

① 11月（がつ）の連休（れんきゅう）にこうようを見（み）に行（い）きたい。　　① 紅（こう）

② 彼（かれ）は自分（じぶん）の店（みせ）をかまえるのが夢（ゆめ）だ。　　②

③ 雨（あま）もりがひどいので、やねをしゅうりした。　　③

④ かいだんから落（お）ちて、足（あし）をねんざした。　　④

⑤ 駅前（えきまえ）のビルをせっけいすることになった。　　⑤

⑥ インフルエンザにかかって、旅行（りょこう）の予約（よやく）をとりけした。　　⑥

⑦ 上（うえ）をむいたら、ベランダから彼（かれ）が手（て）をふっていた。　　⑦

⑧ ちく100年（ねん）になる有名（ゆうめい）な旅館（りょかん）に泊（と）まった。　　⑧

⑨ 子（こ）どもが近所（きんじょ）の家（いえ）のまどガラスをわってしまった。　　⑨

⑩ ごういんなやり方（かた）では何事（なにごと）もうまくいかないだろう。　　⑩

【1】 次の文の下線をつけた言葉の読み方を①～④の中から選び、番号を書いてください。

1. 新婚旅行の日程を旅行会社と相談した。
　　①にてい　　　　　②ひてい　　　　　　③にってい　　　　　④ひってい

2. 今度の祭日はドライブに行く予定だ。
　　①ざいじつ　　　　②さいじつ　　　　　③さいにち　　　　　④ざいにち

3. あの寺は100年以上前に建立された。
　　①けんりつ　　　　②けんりゅう　　　　③こんりつ　　　　　④こんりゅう

4. 北海道にある実家には、年に一度しか帰らない。
　　①じついえ　　　　②じつか　　　　　　③じっか　　　　　　④じっけ

5. 送迎バスに乗ってホテルまで向かった。
　　①そげい　　　　　②そうげ　　　　　　③そうけい　　　　　④そうげい

1.	2.	3.	4.	5.

【2】 次の文の下線をつけた言葉の漢字を①～④の中から選び、番号を書いてください。

1. インターネットで会員とうろくすることができる。
　　①登録　　　　　　②戸録　　　　　　　③登緑　　　　　　　④戸緑

2. 父とは考えがこんぽんからちがう。
　　①根元　　　　　　②植元　　　　　　　③根本　　　　　　　④植本

3. 有名な映画のセリフをいんようする。
　　①院用　　　　　　②引用　　　　　　　③引要　　　　　　　④院要

4. 駅前の一等地に自分の店をかまえることができた。
　　①変える　　　　　②備える　　　　　　③構える　　　　　　④迎える

5. さんぱく四日で北海道を旅行した。
　　①三百　　　　　　②三泊　　　　　　　③三白　　　　　　　④三活

1.	2.	3.	4.	5.

【3】①～⑳の下線部の漢字または読み方を書いてください。

マイホーム

　結婚して3年、ついにマイホームを買うことを決めた。今住んでいるのは①2階建てのせまいアパートだが、近いうちに新しい家に②うつりたいと考えている。そこで、先週の日曜日、夫と気になる家を見に行った。

　まず行ったのは、③新築の大型マンション。地震に強い④こうぞうが売りになっていて、万一に⑤そなえ地下に水や食べ物の保管スペースがある。また、マンション内の全ての⑥かいだんに手すりが付いていて、さらにエレベーターの⑦戸もゆっくり開閉するなど、住民の安全がよく考えられている。そして、マンションから駅まで続く道には、たくさんの木や花が⑧植えられ、春にはさくら、秋には⑨こうようが楽しめるのもいい。こんなマンションだったら安心して子育てができそうだ。

　次の家は⑩みなみむきの⑪一戸建て。町の高台にあり、部屋の大きな⑫まどからは町全体を見わたすことができる。家の近くには学問の⑬神様で有名な⑭じんじゃがあり、⑮なつまつりのときは多くの⑯観光客でにぎわうのだと聞いた。また、歩いて5分ぐらいのところに有名な⑰けんちくかが⑱せっけいした美術館もある。私は⑲えをかくのがしゅみなので、こちらの家に住むのもいいなと思う。

　マンションか一戸建てか、どちらにするかまよってしまうけれど、3月末には新しい家に引っこす予定なので今から少しずつ⑳じゅんびしなければ…。

①	②	③	④
⑤	⑥	⑦	⑧
⑨ 紅	⑩	⑪	⑫
⑬	⑭	⑮	⑯
⑰	⑱	⑲	⑳

13・14章 クイズ

【1】□の中にあてはまる漢字を□の中から選んで書いてください。

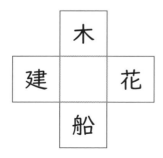

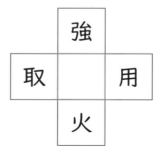

消	引	造	構	根	窓	段	建

【2】(）の中にカタカナの読み方をする漢字を書いてください。

1. オウ　① 1900年代の（　　　　）米の歴史について調べている。

　　　② はん人の家からしょうこ品を（　　　　）収した。

2. カイ　① 母は毎週、駅前の（　　　　）画教室に通っている。

　　　② けんこうのために毎日（　　　　）段を使うようにしている。

3. ゲイ　① 最近、園（　　　　）をしゅみにする若い人がふえてきた。

　　　② 駅までの送（　　　　）サービスは旅行客にとってありがたいものだ。

128

【3】下の旅行パンフレットを見て、漢字の読み方を書いてください。

今だけ!!

①欧州　6日間
198,000円
2／1（月）～2／28（日）

～新婚旅行や社員旅行としても人気～

■ 10名以上の場合、②団体料金でさらに安くなります！

■ ③観光客が少ないオフシーズンだからこそチャンス！

■ ④芸術の都、パリをはじめローマ、ロンドンをめぐります！

今だけのスペシャルサービス

1）くうこう－ホテル間はバスの⑤送迎あり

2）⑥移動はごうかなリムジンバス

3）オペラチケットプレゼント（⑦開演時間 19：00）

4）ウェルカムドリンクのサービス

<注意>

・このツアーは⑧日程や時間の変こうはできません。

・⑨飛行機の便や⑩宿泊するホテルのランクによって

　料金が⑪変わる場合があります。

・ご予約後1週間以内にご入金がない場合、予約を

⑫取り消す場合があります。

くわしくはツアーデスクまでお問い合わせください。

①	②	③	④
⑤	⑥	⑦	⑧
⑨	⑩	⑪	⑫

求職
きゅうしょく

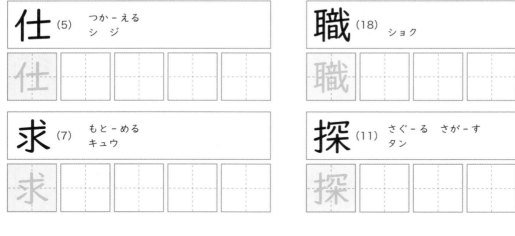

仕 (5) つか－える
シ ジ

職 (18) ショク

求 (7) もと－める
キュウ

探 (11) さぐ－る さが－す
タン

◆ 漢字を読みましょう
かんじ よ

① 王様に仕える。
　おうさま

② 今さらあわてても仕方がない。
　いま

③ 力仕事のアルバイトは時給がいい。
　　　　　　　　　　　　じきゅう

④ 会長の職につく。
　かいちょう

⑤ 今年大学を卒業して、就職した。
　ことしだいがく　そつぎょう

⑥ 近所の人に助けを求めた。
　きんじょ　ひと　たす　もと

⑦ 無理な要求を受け入れる。
　むり　ようきゅう　う　い

⑧ 前の仕事を辞めて、今は求職中だ。
　まえ　しごと　や　いま　きゅうしょくちゅう

⑨ 小ぜにがないか、ポケットを探る。
　こ　　　　　　　　　　　　さぐ

⑩ ゆびわをなくして部屋中探した。
　　　　　　　　　　へやじゅうさが

①	②	③	④	⑤ しゅう
⑥	⑦	⑧	⑨	⑩

◆ 漢字を書きましょう
かんじ か

① 親からしおくりをもらう。
　おや

② まだしごとがたくさん残っている。
　　　　　　　　　　　　　　のこ

③ あこがれのしょくぎょうにつく。

④ 面接でてんしょくの理由を聞かれた。
　めんせつ　　　　　　　りゆう　き

⑤ この会社は経験者をもとめている。
　　かいしゃ　けいけんしゃ

⑥ きゅうじん情報を見て、電話する。
　　　　　　じょうほう　み　でんわ

⑦ さがしものが見つかる。
　　　　　　　み

⑧ ジャングルをたんけんする。

①	②	③	④
⑤	⑥	⑦	⑧

とくべつな言葉…… 給仕
　　　　　　ことば　きゅうじ

マナー

常 (11)	つね　とこ
	ジョウ

識 (19)	シキ

失 (5)	うしな－う
	シツ

礼 (5)	レイ　ライ

◆ 漢字を読みましょう

① 彼女は常に笑顔をたやさない。

② ハワイは常夏の島だ。

③ 年末年始も通常通りえい業する。

④ 彼は世間知らずで、常識がない。

⑤ 彼は無意識にびんぼうゆすりをする。

⑥ 火事で家を失ってしまった。

⑦ 会社が倒さんし、失業した。

⑧ 面接試験で失敗してしまった。

⑨ 山田さんにお礼のおかしを送った。

⑩ 彼は礼儀正しく、まじめな学生だ。

①	②	③	④	⑤

⑥	⑦	⑧ ぱい	⑨	⑩ ぎ

◆ 漢字を書きましょう

① 彼女はつねにいそがしそうだ。

② にちじょう生活を忘れて、ゆっくりする。

③ ビジネス書でちしきを深める。

④ 1時間後にいしきを取りもどした。

⑤ 書類をなくして、信用をうしなった。

⑥ 約束を守らない彼にしつぼうした。

⑦ しき金・れいきんをはらう。

⑧ お先にしつれいします。

①	②	③	④

⑤	⑥	⑦	⑧

とくべつな言葉……礼賛
らいさん

仕事 1
しごと

労 (7) ロウ

労

員 (10) イン

員

官 (8) カン

官

局 (7) キョク

局

◆ 漢字を読みましょう
かんじ　よ

① 彼女は若いころから苦労している。
かのじょ　わか

② ひ労がたまって倒れてしまった。
たお

③ 社員食堂で昼食をとる。
しゃいんしょくどう　ちゅうしょく

④ 店員に声をかける。
こえ

⑤ ジムの会員になり、毎日通っている。
かいいん　まいにちかよ

⑥ 親友の田中君は警察官になった。
しんゆう　たなかくん

⑦ 検査で消化器官にがんが見つかった。
けんさ　しょうか　み

⑧ 官民一体となって新薬開発に取り組む。
いったい　しんやくかいはつ　と　く

⑨ 郵便局へ手紙を出しにいく。
てがみ　だ

⑩ 今日は局地的に大雨になるそうだ。
きょう　おおあめ

①	②	③	④	⑤

⑥ けいさつ	⑦	⑧　　　みん	⑨ ゆう	⑩

◆ 漢字を書きましょう
かんじ　か

① ろうどうじょうけんをよく調べる。
しら

② しんろうが重なり、体調をくずす。
かさ　たいちょう

③ 家族ぜんいんで出かける。
かぞく　で

④ コンサート会場はまんいんだ。
かいじょう

⑤ きっぷの買い方をえきいんにたずねた。
か　かた

⑥ 私の夢はがいこうかんになることだ。
わたし　ゆめ

⑦ いろいろ努力したがけっきょくだめだった。
どりょく

⑧ やっきょくでかぜ薬を買う。
ぐすり　か

①	②	③	④ 満 まん

⑤	⑥	⑦	⑧

仕事 2
しごと

辞	(13)	や-める ジ

辞				

退	(9)	しりぞ-く　しりぞ-ける タイ

退				

積	(16)	つ-もる　つ-む セキ

積				

◆ 漢字を読みましょう
かんじ　よ

① 来月会社を辞めることになった。
らいげつかいしゃ　や

② 辞書を使って意味を調べる。
つか　いみ　しら

③ 家業をつぐため、内定を辞退した。
かぎょう　ないてい

④ 体調をくずして社長職を退いた。
たいちょう　しゃちょうしょく

⑤ 退屈なときはいつも本を読む。
ほん　よ

⑥ 経済的な理由で高校を退学した。
けいざいてき　りゆう　こうこう

⑦ 雪が積もって、真っ白になる。
ゆき　ま　しろ

⑧ 日本の会社で経験を積みたい。
にほん　かいしゃ　けいけん

⑨ 会議で積極的に発言する。
かいぎ　はつげん

⑩ 土地の面積を計算する。
とち　けいさん

①	②	③	④	⑤　くつな

⑥	⑦	⑧	⑨　きょく	⑩

◆ 漢字を書きましょう
かんじ　か

① 漢和じてんで漢字を調べる。
かんわ　かんじ　しら

② せき任をとってじしょくする。
にん

③ 無理な要求をしりぞける。
むり　ようきゅう

④ けがをしてスター選手がいんたいした。
せんしゅ

⑤ 今月いっぱいでたいしょくする。
こんげつ

⑥ たなに商品が高くつんである。
しょうひん　たか

⑦ トラックに荷物をつむ。
にもつ

⑧ 仕事がやまづみで、まだ帰れない。
しごと　かえ

①　　　　典 てん	②	③	④

⑤	⑥	⑦	⑧

給料
きゅうりょう

Salary
工资
Lương

給	(12)	キュウ

収	(4)	おさ－まる　おさ－める シュウ

支	(4)	ささ－える シ

厚	(9)	あつ－い コウ

◆ 漢字を読みましょう

① 給料日に欲しかった服を買った。

② 時給 2,000 円のアルバイトを見つけた。

③ うつくしいけしきを写真に収める。

④ 注文の品をそう庫に収めた。

⑤ 好きなアニメのグッズを収集している。

⑥ このシャツは汗をよく吸収する。

⑦ 父が病気なので私が家族を支えている。

⑧ 兄はホテルの支はい人をしている。

⑨ 食パンを厚く切ってトーストにした。

⑩ 彼は温厚な性格でみなに好かれている。

① ② ③ ④ ⑤

⑥ ⑦ ⑧ ⑨ ⑩

◆ 漢字を書きましょう

① しょにんきゅうで母にプレゼントをする。

② じきゅうじそくの生活をする。

③ このカメラはポケットにおさまる。

④ 去年よりしゅうにゅうがふえた。

⑤ 彼の意見をしじする。

⑥ 1年間のしゅうしを計算する。

⑦ 子どもが生まれてししゅつがふえた。

⑧ この本はあつくてかばんに入らない。

① ② ③ ④

⑤ ⑥ ⑦ ⑧

15章 復習
（しょう）（ふくしゅう）

1. 漢字の読み方を書いてください。
（かんじ）（よ）（かた）（か）

① 今さらあわてても仕方がないから、ゆっくりやろう。
（いま）

② 彼女は外交官になり、世界各国を飛び回っている。
（かのじょ）（せかいかっこく）（と）（まわ）

③ 半年間勉強して、日常会話ならできるようになった。
（はんとしかんべんきょう）（かいわ）

④ 大学で経済のせん門的な知識を学ぶ。
（だいがく）（けいざい）（もんてき）（ちしき）（まな）

⑤ いつもは温厚な彼が怒りだして、びっくりした。
（かれ）（おこ）

⑥ 父は一家を支えるために働いている。
（ちち）（いっか）（ささ）（はたら）

⑦ 来月、小川社長が社長職を退くそうだ。
（らいげつ）（おがわしゃちょう）（しゃちょうしょく）（しりぞ）

⑧ アルバイトの求人広告を見て、おうぼをする。
（こうこく）（み）

⑨ 山の上に雪が積もって白くなっている。
（やま）（うえ）（ゆき）（しろ）

⑩ 彼はときどき相手に失礼なことを言う。
（かれ）（あいて）（い）

①
②
③
④
⑤
⑥
⑦
⑧
⑨
⑩

2. 漢字を書いてください。
（かんじ）（か）

① 男の子がなりたいしょくぎょうの一位はスポーツ選手だ。
（おとこ）（こ）（いちい）（せんしゅ）

② デパートのてんいんに白いコートをすすめられた。
（しろ）

③ いくらさがしても、かぎが見つからなかった。
（み）

④ 新しい電子じしょを買うことにした。
（あたら）（でんし）（か）

⑤ このタオルは水をよくきゅうしゅうする。
（みず）

⑥ この作品を作るのにとてもくろうした。
（さくひん）（つく）

⑦ とつぜん、女の人が気をうしなって倒れた。
（おんな）（ひと）（き）（たお）

⑧ がんばって働いたので、じきゅうが少し上がった。
（はたら）（すこ）（あ）

⑨ 私の姉はテレビきょくで働いている。
（わたし）（あね）（はたら）

⑩ 卒業式で先生におれいを言った。
（そつぎょうしき）（せんせい）（い）

①
②
③
④
⑤
⑥
⑦
⑧
⑨
⑩

会議 I
かいぎ

議 (20)　ギ

賛 (15)　サン

反 (4)　そーる　そーらす
　　　　ハン　ホン　タン

対 (7)　タイ　ツイ

◆ 漢字を読みましょう
かんじ　よ

① 会議に出席する。
かいぎ　しゅっせき

② 議事録を作成する。
ぎじろく　さくせい

③ 係長の意見に賛成する。
かかりちょう　いけん　さんせい

④ まわりの賛同をえる。
さんどう

⑤ いすに反り返って座る。
そ　かえ　すわ

⑥ 自分の行いを反省する。
じぶん　おこな　はんせい

⑦ 交通違反をして、お金をはらう。
こうつういはん　かね

⑧ 親が子どもの結婚に反対する。
おや　こ　けっこん　はんたい

⑨ 絶対に今年は合格したい。
ぜったい　ことし　ごうかく

⑩ このこま犬は左右で対になっている。
いぬ　さゆう　つい

①	②	③	④	⑤

⑥　　　せい	⑦ い	⑧	⑨ ぜっ	⑩

◆ 漢字を書きましょう
かんじ　か

① 月に一度、かいぎを行う。
つき　いちど　おこな

② このぎだいについて話し合いましょう。
はな　あ

③ 自分で作った料理をじがじさんした。
じぶん　つく　りょうり

④ さんせい意見のほうが多かった。
いけん　おお

⑤ 雨にぬれて本の表紙がそってしまった。
あめ　ほん　ひょうし

⑥ むねをそらしてストレッチをする。

⑦ 彼と意見がたいりつする。
かれ　いけん

⑧ サッカーの日本たいブラジル戦を見る。
にほん　　　　せん　み

①	②	③	④

⑤	⑥	⑦	⑧

とくべつな言葉……謀反、反物
むほん　たんもの

会議2
かいぎ

Meeting 2
会议 2
Cuộc họp, hội nghị 2

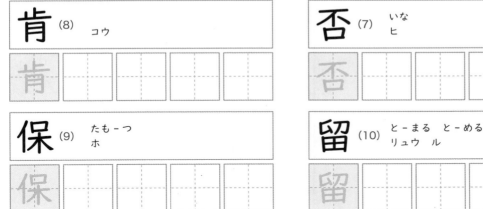

肯 (8)　コウ

否 (7)　いな　ヒ

保 (9)　たも－つ　ホ

留 (10)　と－まる　と－める　リュウ　ル

◆ 漢字を読みましょう
かんじ　よ

① 肯定的な 考え方をする。
かんてい　かんが　かた

② 話を聞くや否や、家を飛び出した。
はなし　き　いな　いえ　と　だ

③ 広まっているうわさを否定する。
ひろ　ひてい

④ 出席者に賛否を問う。
しゅっせきしゃ　さんぴ　と

⑤ 室温を同じ温度に保つ。
しつおん　おな　おんど　たも

⑥ 牛乳を冷ぞう庫で保存する。
ぎゅうにゅう　れい　こ　ほぞん

⑦ 紙が厚くてマグネットで留まらない。
かみ　あつ　と

⑧ 大切な書類を書留で送る。
たいせつ　しょるい　かきとめ　おく

⑨ 問題を保留にする。
もんだい　ほりゅう

⑩ 社長はただ今、留守にしております。
しゃちょう　いま　るす

①	②	③	④	⑤
⑥	⑦	⑧	⑨	⑩

◆ 漢字を書きましょう
かんじ　か

① こうていがわに立って意見をのべる。
た　いけん

② 試験のごうひは来週になるとわかる。
しけん　らいしゅう

③ 母は若さをたもつ努力をしている。
はは　わか　どりょく

④ ほいくえんに子どもをあずける。
こ

⑤ 小さな記事に目をとめる。
ちい　きじ　め

⑥ けんこうにりゅういする。

⑦ 仕事をやめてパリにりゅうがくしたい。
しごと

⑧ るすばん電話にメッセージを残す。
でんわ　のこ

①	②	③	④
⑤	⑥	⑦	⑧

会議 3
かいぎ

判 (7)	ハン　バン

判					

断 (11)	た－つ　ことわ－る ダン

断					

確 (15)	たし－かめる　たし－か カク

確					

認 (14)	みと－める ニン

認					

◆ 漢字を読みましょう
かんじ　よ

① 有ざいの判決を受けた。
ゆう　　　　　う

② 合否を判定する。
ごう ひ

③ ここは味がいいと評判の店だ。
あじ　　　　　　みせ

④ 医者にお酒を断つように言われた。
いしゃ　　さけ

⑤ 彼が無実だと断定するのはまだ早い。
かれ　むじつ　　　　　　　　　はや

⑥ 書類に不備がないかどうかを確かめる。
しょるい　ふび

⑦ 確か、資料はこの中にしまったはずだ。
たし　　しりょう　　　なか

⑧ 今日の降水確率は 50% だそうだ。
きょう　こうすい

⑨ 社長が努力を認めてくれた。
しゃちょう　どりょく

⑩ 社会人としての認識が不足している。
しゃかいじん　　　　　　　　ふそく

①	②	③ ひょう	④	⑤

⑥	⑦	⑧	⑨	⑩

◆ 漢字を書きましょう
かんじ　か

① 人を外見ではんだんしてはいけない。
ひと　がいけん

② 友達のさそいをことわった。
ともだち

③ 強風で電線がせつだんされた。
きょうふう　でんせん

④ 出かける前に火の元をたしかめる。
で　　　まえ ひ もと

⑤ 荷物はたしかに受け取りました。
にもつ　　　　　　う　と

⑥ データがせいかくか、もう一度見直す。
いちど みなお

⑦ 彼はだれもがみとめる天才だ。
かれ　　　　　　　　てんさい

⑧ 月末に在庫をかくにんする。
げつまつ ざいこ

①	②	③	④

⑤	⑥	⑦	⑧

会議4
かいぎ

報	(12)	むく‐いる ホウ

告	(7)	つ‐げる コク

連	(10)	つら‐なる　つら‐ねる　つ‐れる レン

絡	(12)	から‐まる　から‐める　から‐む ラク

◆ 漢字を読みましょう
かんじ　　よ

① 両親のおんに報いるために努力する。
りょうしん　　　　　　　　　　どりょく

② プレゼンのための情報を集める。
じょうほう　あつ

③ 医者がかん者に病名を告げる。
いしゃ　　　じゃ　びょうめい

④ 友人にメールで結婚を報告する。
ゆうじん　　　　　　けっこん

⑤ 車が何台も連なっている。
くるま　なんだい

⑥ 部長が部下を連れて飲みに行く。
ぶちょう　ぶか　　　　　　の　い

⑦ かぜで3日間連続して休んでしまった。
かかん

⑧ コードがぐちゃぐちゃに絡まっている。

⑨ 酔った客が駅員に絡んでいるようだ。
よ　　きゃく　えきいん

⑩ ここは山の中なので連絡手段がない。
やま　なか

①	②	③	④	⑤

⑥	⑦	⑧	⑨	⑩

◆ 漢字を書きましょう
かんじ　か

① テレビで地震のそくほうが流れた。
じしん　　　　　　なが

② 毎日、天気よほうをチェックしている。
まいにち　てんき

③ 会社の受付で名前をつげる。
かいしゃ　うけつけ　なまえ

④ 父はこうこく代理店で働いている。
ちち　　　　　　だいりてん　はたら

⑤ リストに名をつらねる。
な

⑥ れんきゅうに家族と旅行する。
かぞく　りょこう

⑦ パスタにトマトソースをからめる。

⑧ 会議の時間をメールでれんらくする。
かいぎ　じかん

①	②	③	④

⑤	⑥	⑦	⑧

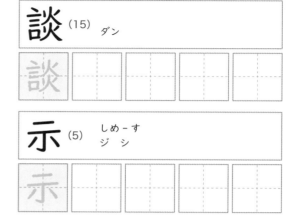

相 (9) あい
ソウ　ショウ

相

指 (9) さ‐す　ゆび
シ

指

談 (15) ダン

談

示 (5) しめ‐す
ジ　シ

示

◆ 漢字を読みましょう

① 相手にわかるようにゆっくり話す。
はな

② 彼は上しと相性が悪いようだ。
かれ　じょう　　　　わる

③ 事けんの真相はまだわからない。
じ

④ 首相が記者会見を行う。
き しゃかいけん　おこな

⑤ 冗談を言って人を笑わせる。
い　ひと　わら

⑥ 親指にとげがささってしまった。

⑦ 先生が学生を指して答えを求める。
せんせい　がくせい　　　　こた　もと

⑧ 時間通りに指定された場所へ行く。
じ かんどお　　　　　　　ばしょ　い

⑨ 数字を示して説明する。
すう じ　　　せつめい

⑩ きっと合格するという暗示をかける。
ごうかく

①	②	③	④	⑤ じょう
⑥	⑦	⑧	⑨	⑩

◆ 漢字を書きましょう

① 子どもの話しあいてになる。
こ

② あの二人はそうしそうあいの仲だ。
ふた り　　　　　　　　　　　なか

③ しょうだんがうまくまとまった。

④ 部下のそうだんに乗る。
ぶ か　　　　　　　　の

⑤ がいしょうかいだんが行われる。
おこな

⑥ 社長のしじにしたがって行動する。
しゃちょう　　　　　　　　　こうどう

⑦ 時計のはりが 12 時をさしている。
と けい　　　　　　じ

⑧ データをグラフでしめして説明する。
せつめい

①	②	③ 商 しょう	④
⑤	⑥	⑦	⑧

とくべつな言葉……示唆
し さ

16章 復習
ふくしゅう

1. 漢字の読み方を書いてください。
かんじ　よ　かた　か

① 知り合いにお金を貸してほしいとたのまれたが、断った。　　①
し　あ　　　　かね　か

② 男は自転車をぬすんだことをあっさりと認めた。　　②
おとこ　じてんしゃ

③ 病院の受付で名前を告げた。　　③
びょういん　うけつけ　なまえ

④ 絡まった糸がなかなかほどけず、イライラした。　　④
いと

⑤ むねを反らせてストレッチをした。　　⑤

⑥ 部屋の温度を一定に保ってください。　　⑥
へや　おんど　いってい

⑦ 新しい市立病院の建設について、賛否を問う。　　⑦
あたら　しりつびょういん　けんせつ　　　　　　と

⑧ 常に相手のことを考えて、発言するようにしている。　　⑧
つね　あいて　　　　　かんが　　　　はつげん

⑨ 部長の指示で、新しい仕事に取りかかった。　　⑨
ぶちょう　しじ　　あたら　しごと　と

⑩ 月に1回、社内会議を行う。　　⑩
つき　かい　しゃない　　　　おこな

2. 漢字を書いてください。
かんじ　か

① 留学することを親もさんせいしてくれている。　　①
りゅうがく　　　　　　　おや

② 気持ちとはんたいのことを言ってしまうのはなぜだろう。　　②
きも　　　　　　　　　　　　い

③ 仕事でミスをしたら、すぐにほうこくするべきだ。　　③
しごと

④ 彼は社内に流れているうわさをひていした。　　④
かれ　しゃない　なが

⑤ この問題は、とりあえずほりゅうにしましょう。　　⑤
もんだい

⑥ 会社のトップには、冷静なはんだんりょくが必要だ。　　⑥
かいしゃ　　　　　　　　れいせい　　　　　　　　　　ひつよう

⑦ 明日の約束の時間をメールでかくにんする。　　⑦
あした　やくそく　じかん

⑧ かぜで3日れんぞく会社を休んでしまった。　　⑧
か　　　　　　かいしゃ　やす

⑨ 取引先に新入社員をつれていった。　　⑨
とりひきさき　しんにゅうしゃいん

⑩ 今後のことについて、先ぱいにそうだんする。　　⑩
こんご　　　　　　　　　　せん

【1】次の文の下線をつけた言葉の読み方を①～④の中から選び、番号を書いてください。

1. 体のことを考えて、先月からからたばことお酒を断っている。
   ①ことわって　　②たって　　　　③ちかって　　　④やって

2. 彼は毎日ちこくをしていたので、アルバイトを辞めさせられてしまった。
   ①やめさせられて　②あきらめさせられて　③とめさせられて　④じめさせられて

3. 彼はとうとう今年で会長の職を退くことになった。
   ①ひく　　　　　②のぞく　　　　③しぞく　　　　④しりぞく

4. エアコンをちょうせつして、部屋の温度を保つ。
   ①たもつ　　　　②ほつ　　　　　③もつ　　　　　④もたつ

5. このグラフは女性の晩婚化が進んでいることを示している。
   ①しるして　　　②しじして　　　③しめして　　　④しさして

1.	2.	3.	4.	5.

【2】次の文の下線をつけた言葉の漢字を①～④の中から選び、番号を書いてください。

1. サインをもとめて、おおぜいのファンが選手のまわりに集まった。
   ①必めて　　　　②求めて　　　　③探めて　　　　④欲めて

2. たくさん荷物をつんだトラックが前を走っている。
   ①重んだ　　　　②結んだ　　　　③積んだ　　　　④着んだ

3. このカメラは小さいかばんにもおさまる。
   ①任まる　　　　②収まる　　　　③治まる　　　　④効まる

4. 駅の係員が酔っぱらった男にからまれた。
   ①絡まれた　　　②空まれた　　　③連まれた　　　④怒まれた

5. 首相が事けんに関するコメントを発表した。
   ①しゅうしょう　②しゅしょう　　③しゅしゅう　　④しょしゅう

1.	2.	3.	4.	5.

【3】①〜⑳の下線部の漢字または読み方を書いてください。

ぼくは新入社員

　入社してから半年がたって、少しずつ①しごとにもなれてきた。

とは言っても、まだまだ失ぱいすることも多い。不注意で小さなミスをするこ

とはよくあるし、この間は②苦労して作った大事な書類を電車の中に忘れて、

③えきいんにききながら夜遅くまで④さがし回った。重要なことを上しに⑤確認し

ないで、自分で勝手に⑥判断して失ぱいすることもある。昨日は取引先の⑦あいて

に⑧失礼なことを言って、後で係長に「君は⑨常識がない」と怒られてしまった。

　えい業⑩しょくは、「自分には向いていないのかな。⑪辞めてしまおうか」と

思うこともある。でも、このしごとを始めて半年。まだまだこれからだ。今はミ

スをしないように、上しの⑫指示がわからないときはきちんと⑬たしかめたり、

まよったら、すぐに上しに⑭そうだんしたりするようにしよう。そして、⑮常に

「笑顔」でいることを心がけたい。

　今日は⑯会議の後、係長に飲みに⑰つれて行ってもらった。係長にはいつも怒ら

れてばかりだが、今日は優しくはげまされ、またやる気が出てきた。明日は⑱給料日。

もっとしごとの⑲ちしきを深めるために、ビジネス書を買おうと思っている。そし

ていつか、係長に⑳認めてもらえるようにがんばりたい。

①	②	③	④
⑤	⑥	⑦	⑧
⑨	⑩	⑪	⑫
⑬	⑭	⑮	⑯
⑰	⑱	⑲	⑳

143

15・16 章 クイズ

【1】下線の漢字にはまちがいがあります。例のように正しい漢字に直
してください。
（かせん　かんじ　　　　　　　　　　　れい　　　　　　　ただ　かんじ　なお）

（例）会義までにこのし料をコピーしておいてください。　⇒　会　| 議 |
（れい）　　　　　　　　　　（りょう）

1. 私の友だちは転識するかどうか、毎日悩んでいるそうだ。　⇒　転　|　|
（わたし　とも）　　　　　　　　　　　　　（まいにちなや）

2. 他の人の意見も聞いた上で半断する。　⇒　|　| 断
（ほか　ひと　いけん　き　うえ）

3. あの作家は文学賞の受賞を辞根したそうだ。　⇒　辞　|　|
（さっか　ぶんがくしょう　じゅしょう）

4. 空一面が熱い雲におおわれている。　⇒　|　| い
（そらいちめん　　　　くも）

5. 彼女とは性絡がにていて、とても気が合う。　⇒　性　|　|
（かのじょ）　　　　　　　　　　　　　　（き　あ）

【2】次のような場合、何と言いますか。| |の漢字を＿＿＿に入れて
言葉をかん成させてください。
（つぎ　　　　ばあい　なん　い　　　　　　　　　　かんじ　　　　　　　　　　い）
（ことば　　　　せい）

1. 必要な情報を知らせる。・・・・・・・・・・・・・・・・＿＿＿ 絡する
（ひつよう　じょうほう　し）

2. セミナーの内容をまとめて上しに出す。・・・・・・・・・・＿＿＿ 告する
（ないよう　　　　　　　　じょう　だ）

3. どうしていいかわからなくて、先生の意見を聞く。・・・・・相 ＿＿＿ する
（せんせい　いけん　き）

4. 今は決めないで、またべつの日に考えよう。・・・・・・・・保 ＿＿＿ にする
（いま　き　　　　　　　　　　　　ひ　かんが）

5. 会社が倒さんして、仕事がなくなってしまう。・・・・・・・＿＿＿ 業する
（かいしゃ　とう　　　　しごと）

6. 留学することになったので、仕事をやめる。・・・・・・・・＿＿＿ 職する
（りゅうがく　　　　　　　　　　　しごと）

7. 在庫の数が合っているかどうか、もう一度数える。・・・・・＿＿＿ 認する
（ざいこ　かず　あ　　　　　　　　　　いちどかぞ）

失 ・ 確 ・ 退 ・ 談 ・ 報 ・ 連 ・ 留

【3】下線の漢字の読み方を書いてください。

≪①求人②広告≫

すきやき銀座館　アルバイト ③店員ぼ集！

<場所>　　　　　銀座三丁目

<時間・曜日>　18:00 ～ 22:00

　　　　　　　　週 3～4日 ※曜日は④相談の上、決定します。

<⑤時給>　　　1,000 円～ ※交通費⑥支給

<⑦仕事内よう>　お客様の注文をとったり、お料理を出したりする接客が中心です。接客が

　　　　　　　　初めての方にもていねいに教えます！ 明るい方、人と話すのが好きな方、

　　　　　　　　いっしょに働きませんか。くわしくは、下記番号までお電話ください。

<⑧連絡先>　　03-53 〇〇 - △△×× 担当：ヒグチ

①	②	③	④
⑤	⑥	⑦	⑧

【4】（　　　　）に入る言葉を　□　から選んでください。

大学生相談室

Q：私は今大学3年生です。これからしゅうしょく（　　　　　）を始めようと思っていますが、

　　何をしたらいいか不安です。今できることを教えてください。

A：まずは一般（　　　　）やニュースなどの（　　　　　）、ビジネスマナーなどの（　　　　）

　　を身につけるようにしてください。新聞やインターネットなどを使うといいでしょう。社会

　　人の先ぱいの話を聞いたり、（　　　　　）に乗ってもらうのもいいですね。

Q：先日、ある会社から内定をもらいましたが、父が「一流の会社ではないからだめだ。」と、

　　この会社に入ることに（　　　　）しています。どうしたらいいでしょうか。

A：まずは、あなたが入りたい会社がどんな会社か、お父様に説明する必要がありますね。

　　その会社で働くのはあなたですから、なぜそこを選んだのか話して、お父様に（　　　　　）

　　してもらえるように、ぜひがんばってください。

賛成・相談・情報・活動・知識・反対・常識

会社
かいしゃ

Company
公司
Công ty

経えい者
けい　しゃ

Manager
経営者
Doanh nhân

最 (12) もっと-も
サイ

副 (11) フク

管 (14) くだ
カン

者 (8) もの
シャ

◆ 漢字を読みましょう
かんじ　よ

① カスピ海は世界最大の湖だ。
かい　せ かい　　みずうみ

② この道が駅までの最短のコースだ。
みち　えき

③ この会社の副社長は社長の弟だ。
かいしゃ　しゃちょう　おとうと

④ 賞じょうと副賞の記念品をもらった。
しょう　　きねんひん

⑤ 地震で水道管がはれつした。
じしん　すいどうかん

⑥ 管理職の試験に合格した。
かんりしょく　しけん　ごうかく

⑦ 鼻に管を通してさんそを送る。
はな　くだ　とお　　　おく

⑧ 田中さんはクラスの人気者だ。
たなか　　　　　　　にんきもの

⑨ 経えい者は判断力と行動力が必要だ。
けい　しゃ　はんだんりょく　こうどうりょく　ひつよう

⑩ 社長が記者のインタビューを受けた。
しゃちょう　きしゃ　　　　　　　　う

①	②	③	④	⑤
⑥	⑦	⑧	⑨	⑩

◆ 漢字を書きましょう
かんじ　か

① 東京は日本でもっとも人口が多い。
とうきょう　にほん　　　　　　じんこう　おお

② さいごに会社を出た人は山田さんだ。
かいしゃ　で　ひと　やまだ

③ さいきんの経済のニュースを調べる。
けいざい　　　　　　　しら

④ 今日は今年のさいこう気温を記録した。
きょう　ことし　　　　　きおん　きろく

⑤ かぜ薬のふくさようでねむくなった。
ぐすり

⑥ 重要書類はかぎをかけてほかんする。
じゅうようしょるい

⑦ 原宿には多くのわかものが集まる。
はらじゅく　おお　　　　　　　あつ

⑧ このさくしゃのアニメは人気がある。
にんき

①	②	③	④
⑤	⑥	⑦	⑧

世代
せ だい

Generation
一代
Thế hệ

現 (11) あらわ－れる　あらわ－す
ゲン

現				

旧 (5) キュウ

旧				

昔 (8) むかし
セキ　シャク

昔				

次 (6) つ－ぐ　つぎ
ジ　シ

次				

◆ 漢字を読みましょう
かんじ　よ

① 彼は入社後すぐえい業の才能を現した。
かれ　にゅうしゃご　　ぎょう　さいのう

② １週間でダイエットの効果が現れた。
しゅうかん　　　　こうか

③ 夢を実現させて社長になった。
ゆめ　じつげん　　　しゃちょう

④ 田村さんの旧姓は田中だ。
たむら　きゅうせい　たなか

⑤ この家は100年続く旧家だ。
いえ　ねんつづ　きゅうか

⑥ そふからこの地方の昔話を聞いた。
ちほう　むかしばなし　き

⑦ 次回の会議は来週の金曜日だ。
じかい　かいぎ　らいしゅう　きんようび

⑧ 私は英語に次いで数学がとく意だ。
わたし　えいご　つ　　すうがく　　い

⑨ 会社にもどり次第連絡してください。
かいしゃ　　　しだいれんらく

⑩ 席次表を見て座ってください。
せきじひょう　み　すわ

①	②	③	④	⑤

⑥	⑦	⑧	⑨	⑩

◆ 漢字を書きましょう
かんじ　か

① 彼は約束の時間にあらわれた。
かれ　やくそく　じかん

② げんじつてきな計画を立てた。
けいかく　た

③ げんざいの社会問題について話し合う。
しゃかいもんだい　　　はな　あ

④ 手の動きで鳥をひょうげんする。
て　うご　とり

⑤ 久しぶりにきゅうゆうと再会した。
ひさ　　　　　　さいかい

⑥ きゅうしょうがつには国へ帰りたい。
くに　かえ

⑦ むかしこの辺りは畑だったそうだ。
あた　はたけ

⑧ つぎのプレゼン発表者は中山さんだ。
はっぴょうしゃ　なかやま

①	②	③	④

⑤	⑥	⑦	⑧

とくべつな言葉……昔日、今昔
せきじつ　こんじゃく

予算
よさん

Budget
预算
Ngân sách

費 (12) つい‐える　つい‐やす
　　　　ヒ

費					

算 (14) サン

算					

供 (8) そな‐える　とも
　　　キョウ　ク

供					

税 (12) ゼイ

税					

◆ 漢字を読みましょう
かんじ　よ

① 病気で入院して貯金が費えた。
びょうき　にゅういん　ちょきん

② 親に学費を送ってもらった。
おや　　　　　おく

③ 生活のために食費をせつやくする。
せいかつ

④ パーティーの会費をはらう。

⑤ 大学院で消費者行動を研究する。
だいがくいん　　しょうひしゃこうどう　けんきゅう

⑥ 算数オリンピックで入賞した。
　　　　　　　　　　　　　にゅうしょう

⑦ 社長のお供で京都へ行った。
しゃちょう　　　　　きょうと　い

⑧ 安定した食料の供給を目指す。
あんてい　しょくりょう　きょうきゅう　めざ

⑨ このガムは消費税を入れて440円だ。
　　　　　　　　　　い　　　　えん

⑩ 税関で荷物を調べられた。
ぜいかん　にもつ　しら

①	②	③	④	⑤
⑥	⑦	⑧	⑨	⑩

◆ 漢字を書きましょう
かんじ　か

① ダム建設に長い年月をついやした。
けんせつ　なが　ねんげつ

② 留学するひようを少しずつ貯める。
りゅうがく　　　　すこ　　　　た

③ 来年度のよさんが決まった。
らいねんど　　　　き

④ 彼は速く正かくにけいさんできる。
かれ　はや　せい

⑤ おはかに花をそなえる。
はな

⑥ 質の高いサービスをていきょうする。
しつ　たか

⑦ ぜいきんは有効に使われるべきだ。
ゆうこう　つか

⑧ このお酒はかんぜいがかかっている。
さけ

①	②	③	④
⑤	⑥ てい	⑦	⑧

とくべつな言葉…… 供養、子供
くよう　こども

148

工場
こうじょう

Factory
工厂
Nhà máy

機 (16)	はた キ				
機					

械 (11)	カイ				
械					

危 (6)	あや－ぶむ　あや－うい　あぶ－ない キ				
危					

険 (11)	けわ－しい ケン				
険					

◆ 漢字を読みましょう
かんじ　よ

① 新しい機械で車の部品を作る。
あたら　　くるま　ぶひん　つく

② 機会があったらまた会いましょう。
あ

③ 東京は交通機関が発達している。
とうきょう　こうつう　はったつ

④ となりの部屋から機をおる音がする。
へや　　　　　　おと

⑤ 道がせまい上に交通量が多く危ない。
みち　　　うえ　こうつうりょう　おお

⑥ 危うく階段から落ちるところだった。
かいだん　お

⑦ お客がへって経えいが危ぶまれる。
きゃく　　　けい

⑧ パンダはぜつめつの危機にある。

⑨ SNS は、はんざいの危険性がある。

⑩ 険しい山道を登る。
やまみち　のぼ

①	②	③	④	⑤

⑥	⑦	⑧	⑨	⑩

◆ 漢字を書きましょう
かんじ　か

① きかいかが進んで働く人がへった。
すす　はたら　ひと

② 最近のスマホはきのうが多すぎる。
さいきん　　　　　おお

③ 入社のどうきをたずねられた。
にゅうしゃ

④ はさみを持って走ったらあぶない。
も　　はし

⑤ この成績では N1 合格はあやうい。
せいせき　　　　ごうかく

⑥ きけんな運転で事こを起こす。
うんてん　じ　お

⑦ けわしい顔つきで考えこむ。
かお　　　かんが

⑧ がんほけんに入る人がふえている。
はい　ひと

①	②	③	④

⑤	⑥	⑦	⑧

貿易
ぼうえき

Trade
貿易
Ngoại thương

技 (7) わざ
ギ

術 (11) ジュツ

貿 (12) ボウ

商 (11) あきな−う
ショウ

◆ 漢字を読みましょう
かんじ　よ

① じゅうどうの技があざやかに決まる。

② 筆記と実技の試験を受ける。
ひっき　じつぎ　しけん　う

③ 女優になるために演技を勉強する。
じょゆう　えんぎ　べんきょう

④ 新しい技術で車を開発した。
あたら　ぎじゅつ　くるま　かいはつ

⑤ 美術館で有名な画家の絵を見る。
びじゅつかん　ゆうめい　がか　え　み

⑥ 来週、手術を受けることになった。
らいしゅう　しゅじゅつ　う

⑦ 大学卒業後は貿易会社で働きたい。
だいがくそつぎょうご　ぼうえきがいしゃ　はたら

⑧ ブランド品を商う仕事を始める。
ひん　あきな　しごと　はじ

⑨ この通りは商店が多くて活気がある。
とお　しょうてん　おお　かっき

⑩ 新しくできた商業ビルで買い物する。
あたら　しょうぎょう　か　もの

①	②	③	④	⑤
⑥	⑦	⑧	⑨	⑩

◆ 漢字を書きましょう
かんじ　か

① この工芸品はプロのわざが光る。
こうげいひん　ひか

② 私のとくぎは書道だ。
わたし　しょどう

③ 学校できゅうぎ大会が行われた。
がっこう　たいかい　おこな

④ 留学して最新のぎじゅつを学ぶ。
りゅうがく　さいしん　まな

⑤ げいじゅつ家を夢みている。
か　ゆめ

⑥ 世界のぼうえき問題を考える。
せかい　もんだい　かんが

⑦ しょうひんをきれいにならべる。

⑧ 兄は有名しょうしゃで働いている。
あに　ゆうめい　はたら

①	②	③	④
⑤	⑥	⑦	⑧

17章 復習
しょう
ふくしゅう

1. 漢字の読み方を書いてください。
かん じ　よ　かた　か

① 副社長は今会議に出席している。
　　　　　　いま かい ぎ　　しゅっせき

② 彼はおもしろいので、クラスの人気者だ。
　かれ

③ 私は結婚しても会社では旧姓を使っている。
　わたし　けっこん　　　　かいしゃ　　　　　　つか

④ 山田さんは約束の時間から 30 分遅れて現れた。
　やま だ　　　やくそく　じ かん　　　　　ぷんおく

⑤ 台風のえいきょうで交通機関の運行がみだれている。
　たいふう　　　　　　　　こうつう き かん　うんこう

⑥ ビルの窓ふきは危険な作業だが、時給がいい。
　　　　まど　　　　　　　　さ ぎょう　　じ きゅう

⑦ 税金は有効に使わなければならない。
　ぜいきん　ゆうこう　つか

⑧ 管理職になり、仕事のストレスがふえた。
　かん り しょく　　し ごと

⑨ 最近の子どもは外で遊ばなくなった。
　さいきん　こ　　　　そと　あそ

⑩ 家がならんでいるこの辺りは昔、畑だった。
　いえ　　　　　　　　　あた　　むかし　はたけ

①
②
③
④
⑤
⑥
⑦
⑧
⑨
⑩

2. 漢字を書いてください。
かん じ　か

① 私は会社でしょうひん開発を担当している。
　わたし　かいしゃ　　　　　　かいはつ　たんとう

② 大切な書類なので、きちんとほかんした。
　たいせつ　しょるい

③ しょうひぜいは表示のね段にふくまれている。
　　　　　　　　　ひょうじ　　だん

④ つぎの日曜日、天気がよかったらハイキングに行こう。
　　　　にちようび　てん き　　　　　　　　　　　　　い

⑤ 会長のおともでアメリカへ行く予定だ。
　かいちょう　　　　　　　　　　い　よてい

⑥ 友人とぼうえき会社を作り自動車部品を売っている。
　ゆうじん　　　　　　がいしゃ　つく　じ どうしゃ ぶ ひん　う

⑦ きかいかが進んで短時間でできるようになった。
　　　　　　すす　たんじ かん

⑧ 彼はけいさんが速くて正確だ。
　かれ　　　　　　はや　　せいかく

⑨ 最新のぎじゅつを学ぶために留学することにした。
　さいしん　　　　　　まな　　　　りゅうがく

⑩ この絵は湖 のうつくしさがうまくひょうげんされている。
　　　え　みずうみ

①
②
③
④
⑤
⑥
⑦
⑧
⑨
⑩

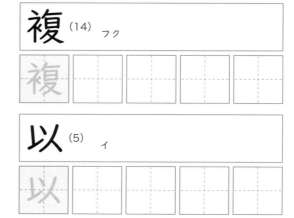

18章 単位
たんい

Unit
単位
Đơn vị

単位 1
たんい

Unit 1
単位 1
Đơn vị 1

単 (9) タン

単

複 (14) フク

複

全 (6) まった－く すべ－て
ゼン

全

以 (5) イ

以

◆ 漢字を読みましょう
かんじ よ

① 彼は単独で行動することが多い。
かれ こうどう おお

② 言うのは簡単だが、やるのは難しい。
い むずか

③ この事けんは複数の人間が関係している。
じ にんげん かんけい

④ セミナーに重複して申し込んだ。
もう こ

⑤ 昨日のことは全く覚えていない。
きのう おぼ

⑥ この店の料理は全ておいしい。
みせ りょうり

⑦ 出された料理を全部食べてしまった。
だ りょうり た

⑧ 今日のテストは全然できなかった。
きょう

⑨ 明治以後、日本の近代化が進んだ。
めいじ にほん きんだいか すす

⑩ テストの点が平均以下だった。
てん へいきん

①	② かん	③	④	⑤
⑥	⑦	⑧	⑨	⑩

◆ 漢字を書きましょう
かんじ か

① かんたんな計算ミスをする。
けいさん

② ツアーではグループたんいで行動する。
こうどう

③ 彼はふくすうの言語が話せる。
かれ げんご はな

④ あんぜん第一で工事を進める。
だいいち こうじ すす

⑤ 土器がかんぜんな形で見つかった。
どき かたち み

⑥ ここから町ぜんたいがよく見える。
まち み

⑦ このワインは1万円いじょうする。
まんえん

⑧ 三位いないに入ると、賞品がもらえる。
さんい はい しょうひん

① 簡 かん	②	③	④
⑤ かん	⑥	⑦	⑧

単位2
たんい

| 未 (5) ミ |
| 満 (12) みーちる　みーたす　マン |
| 無 (12) なーい　ム　ブ |
| 非 (8) ヒ |

◆ 漢字を読みましょう
かんじ　　よ

① 夫婦で子どもの未来について話す。
ふうふ　こ　　　　　　　　　　　はな

② 10さい未満の子どもは乗れません。
の

③ コンサート会場は熱気に満ちていた。
かいじょう　ねっき

④ おかしで、おなかを満たした。

⑤ 彼はいつも仕事の不満を言っている。
かれ　　　　しごと

⑥ 今の生活に満足している。
いま　せいかつ

⑦ しめきりまで、あと5日しか無い。
か

⑧ この店は年中無休だ。
みせ　ねんじゅう

⑨ 無事に目的地にとう着した。
もくてきち　　　ちゃく

⑩ 公共の場で大声を出すのは非常識だ。
こうきょう　ば　おおごえ　だ

| ① | ② | ③ | ④ | ⑤ |
| ⑥ | ⑦ | ⑧ | ⑨ | ⑩ |

◆ 漢字を書きましょう
かんじ　か

① 次の会議の予定はみていだ。
つぎ　かいぎ　よてい

② みせいねんの飲酒は禁止されている。
いんしゅ　きんし

③ 新入生はやる気にみちている。
しんにゅうせい　き

④ この飛行機の便は、もうまんせきだ。
ひこうき　びん

⑤ 彼女はむくちだが友達は多い。
かのじょ　　　　ともだち　おお

⑥ むりなお願いをされて困った。
ねが　　　　　こま

⑦ ミスした相手をひなんする。
あいて

⑧ ホテルのひじょうぐちを確認する。
かくにん

| ① | ② | ③ | ④ |
| ⑤ | ⑥ | ⑦ | ⑧ |

単位 3
たんい

億 (15) オク

兆 (6) きざ-す　きざ-し
チョウ

◆ 漢字を読みましょう
かんじ　よ

① 1960 年代に日本の人口は１億をこえた。
　　ねんだい　　にほん　じんこう

② このマンションは３億円はする。

③ 彼は土地を売って億万長者になった。
　　かれ　とち　う

④ 日差しに春の暖かさが兆す。
　　ひざ　　はる　あたた

⑤ けい気回復の兆しが見られる。
　　きかいふく　　　　み

⑥ Ａ社の１年間の売り上げは１兆円だ。
　　しゃ　ねんかん　う　あ

①　　　　　　②　　　　　　③　　　　　　④　　　　　　⑤

⑥

◆ 漢字を書きましょう
かんじ　か

① たからくじでいちおくえんが当たる。
　　　　　　　　　　　　　　あ

② 春のきざしを感じる。
　　はる　　　　かん

③ 巨大地震にはぜんちょうがあるそうだ。
　　きょだいじしん

④ 国には何ちょうもの借金がある。
　　くに　なん　　　　　しゃっきん

①　　　　　　②　　　　　　③　　　　　　④

18章 復習
ふくしゅう

1. 漢字の読み方を書いてください。
かんじ　よ　かた　か

① お客様に満足していただけるようなサービスを考える。　　①
きゃくさま　まんぞく　　　　　　　　　　　　　　かんが

② 調査の結果、何億もの借金があることがわかった。　　②
ちょうさ　けっか　なんおく　しゃっきん

③ この大会で三位以内に入ると、全国大会に出場できる。　　③
たいかい　さんい　　　　　　　ぜんこくたいかい　しゅつじょう

④ 旅行中はグループ単位で行動してください。　　④
りょこうちゅう　　　　　たんい　こうどう

⑤ 目げき者によると、はん人は複数いるらしい。　　⑤
もく　しゃ　　　　　　　　にん　ふくすう

2. 漢字を書いてください。
かんじ　か

① 日差しや風が暖かくなり、春のきざしを感じる。　　①
ひざ　かぜ　あたた　　　　はる　　　　　　かん

② ６さいみまんの幼児は無料で乗車できる。　　②
ようじ　むりょう　じょうしゃ

③ 最近仕事がいそがしくて、恋人とぜんぜん会えない。　　③
さいきんしごと　　　　　　　こいびと　　　　　　あ

④ むりなお願いをきいてくれて、ありがとう。　　④
ねが

⑤ 地震や火事に備えて、ひじょうぐちを確認しておく。　　⑤
じしん　かじ　そな　　　　　　　　　　かくにん

17・18章 アチーブメントテスト

【1】次の文の下線をつけた言葉の読み方を①〜④の中から選び、番号を書いてください。

1. 亡くなった父のはかに花とせんこうを<u>供える。</u>
   ①たくわえる　②そなえる　③ささえる　④さしえる

2. 科学<u>技術</u>の進歩とともに生活が便利になった。
   ①ぎじつ　②ぎじっつ　③ぎじゅつ　④ぎじうつ

3. この店は<u>若者</u>に人気で、いつもこんでいる。
   ①わかしゃ　②じゃくしゃ　③じゃくもの　④わかもの

4. <u>次回</u>のテストは1週間後に行います。
   ①じかい　②つぎかい　③しかい　④ずかい

5. 全財産を<u>費やした</u>が会社が倒産してしまった。
   ①ついやした　②つやした　③ひやした　④つえやした

1.	2.	3.	4.	5.

【2】次の文の下線をつけた言葉の漢字を①〜④の中から選び、番号を書いてください。

1. 自動車工場にはいろいろな種類の<u>きかい</u>がある。
   ①機械　②機会　③器会　④議会

2. この山は道が<u>けわしく</u>登るのが大変だ。
   ①険しく　②検しく　③毛足く　④験しく

3. 東京の都心のマンションは1<u>おく</u>円以上する。
   ①億　②屋　③意　④北

4. 来月、<u>ふく</u>社長とアメリカに出張する。
   ①福　②副　③複　④復

5. 日本では、はたち<u>みまん</u>はお酒を飲んではいけない。
   ①未満　②末満　③実満　④三万

1.	2.	3.	4.	5.

【3】①〜⑳の下線部の漢字または読み方を書いてください。
（かせんぶ　かんじ　よ　かた　か）

①副社長にインタビュー

Q：学生時代はどんな学生でしたか。
（がくせいじだい　がくせい）

A：そうですね。よく学びよく遊び・・・ですね。しょう来は、ものづくりに関わる仕事
（まな　あそ　らい　かか　しごと）

がしたいと思って②機械工学を学びました。夏はテニス、冬はスキーをよくしていま
（おも　まな　なつ　ふゆ）

した。

Q：卒業後、今の会社に入社されたのですね。
（そつぎょうご　いま　かいしゃ　にゅうしゃ）

A：はい。そうです。③ぎじゅつ部門に入りました。④むかしは古い⑤機械が多かったの
（ぶもん　はい　ふる　おお）

で大変でした。⑥あぶない思いもしましたよ。自分が⑦管理職になってからは、まず、
（たいへん　おも　じぶん）

⑧安全を第一に取り組みました。
（だいいち　と　く）

Q：例えば、どんなことでしょうか。
（たと）

A：毎週、⑨全員に⑩きけんだと思うところを報告してもらいました。そして、チームで
（まいしゅう　おも　ほうこく）

それらを改ぜんしていきました。
（かい）

Q：そうですか。今までで⑪最も大変だったのはどんなことでしょうか。
（いま　たいへん）

A：そうですね。経済⑫ききで注文が⑬いぜんより大きく減ったことですね。広告⑭ひよ
（けいざい　ちゅうもん　おお　へ　こうこく）

うを減らしてどうにか乗りこえました。
（へ　の）

Q：⑮げんざいは、⑯次から次へとヒット商品を出して、⑰おく⑱単位の売り上げですね。
（しょうひん　だ　う　あ）

A：そうですね。でも、これで⑲まんぞくしないで⑳１兆円を目指しますよ。
（めざ）

Q：本日はお忙しいところ、お時間をとってくださりありがとうございました。
（ほんじつ　いそが　じかん）

①	②	③	④
⑤	⑥	⑦	⑧
⑨	⑩	⑪	⑫
⑬	⑭	⑮	⑯
⑰	⑱	⑲	⑳

【1】次の文にはまちがっている漢字があります。例のように正しい漢字に直してください。

（例）福社長は先週からアメリカに出張している。　⇒　| 副 | 社長

1．末成年は、たばこを吸ってはいけない。　⇒　| | 成年

2．たからくじで1憶円当たった。　⇒　1 | | 円

3．山田さんは復数の言語が話せる。　⇒　| | 数

4．水道管の工事で一日中、水が使えなかった。　⇒　水道 | |

5．この場所は危検なので、入らないでください。　⇒　危 | |

【2】□から漢字を一字選んで、「無、未、非、全、以」を使った言葉を作ってください。（　　）には読み方を書いてください。

（例）**無**　理　…　（　むり　）なお願いをして、すみません。
　　　　　事　…　（　ぶじ　）に家へ帰る。

1．| |　来　…　子どもたちの（　　　　　　）を考える。
　　　　　定　…　休みの予定は（　　　　　　）です。

2．| |　口　…　彼は（　　　　　　）で、ほとんど話さない。
　　　　　料　…　ここは入場（　　　　　　）です。

3．| |　難　…　友人のひどい言動を（　　　　　　）する。
　　　　　常　…　（　　　　　　）ベルが鳴ったので階段からにげた。

4．| |　員　…　会議をしますから、（　　　　　　）集まってください。
　　　　　力　…　今度の試合は（　　　　　　）でがんばります。

5．| |　内　…　1週間（　　　　　　）に本を返してください。
　　　　　前　…　（　　　　　　）ここは、うどん屋だった。

【3】＿＿＿＿の言葉の読み方を書いてください。

私の町

私たちの町には大きなダムがあります。この辺り①（　）で最も高い建物です。

今から、約五十年前に造られました。当時、②（　）日本の最高技術が使われたそうです。③（　）建設費は五百億円④（　）以上で、七年かかったそうです。⑤（　）工事は非常に⑥（　）危険で、亡くなった人もいるそうです。⑦（　）私の⑧（　）おじさんは、現場で機械の管理の仕事をして⑨（　）⑩（　）いました。初め、ここにダムを造るのは無理だと思っ⑪（　）ていた人が多かったそうです。⑫（　）現在、ダムは水力発電に使われていますが、観光地としても有名になって、たくさんの人が来るようになりました。

【4】（　　　）に入る漢字を［　　　］から選んで書いてください。

社長の独り言

　この会社は問題が山積みだ。まずは、私を助けてくれる（　　　）社長を決めなければ。

田中君はどうだろうか、彼はこの会社で（　　　）も信用できる人物だ。

　売り上げは今、100（　　　）円程度。10年後には1（　　　）円をこえたい。そのた

めには、生産性をあげなければ…。工場の今ある（　　　）は古いから、新しいもの

に変えよう。そして…（　　　）も上げる必要もある。新しい開発部門の（　　　）

の（　　　）職は…山下さんは（　　　）てよくわかっているし、（　　　）も立て

られるから…。

```
副    最    技術力    億    兆
全    機械    予算    管理    次
```

11−18章 まとめテスト

【1】 次の文の下線をつけた言葉の読み方を①〜④の中から選び、番号を書いてください。

1. 病気で長く仕事を休んでいたが、来月から<u>復帰</u>することにした。
   ①ふき　　　　　　②ふくき　　　　　　③ふっき　　　　　　④ふうき

2. 気温が<u>氷点下</u>になると、水がこおってしまうので注意が必要だ。
   ①ひょうてんか　　②ひょうてんした　　③ひてんか　　　　　④ひてんした

3. 大学に合格したが、急に帰国することになったので入学を<u>辞退</u>した。
   ①したい　　　　　②しだい　　　　　　③じちょう　　　　　④じたい

4. この問題集は<u>解説</u>がとてもわかりやすくて、学生の間でひょうばんだ。
   ①かいさつ　　　　②かいせつ　　　　　③げせつ　　　　　　④げさつ

5. 国から親が来日する日、空こうまで<u>迎え</u>に行った。
   ①ひかえ　　　　　②むきえ　　　　　　③げいえ　　　　　　④むかえ

1.	2.	3.	4.	5.

【2】 次の文の下線をつけた言葉の漢字を①〜④の中から選び、番号を書いてください。

1. このごろ昼間はとても<u>あたたかい</u>が、夜になると急に冷え込む。
   ①暑たかい　　　　②温かい　　　　　　③熱たかい　　　　　④暖かい

2. 電車の中で大声でさわぐなんて、あの人は本当に<u>じょうしき</u>がない。
   ①常式　　　　　　②定式　　　　　　　③常識　　　　　　　④定識

3. 左右の安全を<u>かくにん</u>してから横断歩道をわたってください。
   ①確認　　　　　　②格任　　　　　　　③格認　　　　　　　④確任

4. ガス<u>かん</u>工事のため道の半分が通れなくなっている。
   ①官　　　　　　　②観　　　　　　　　③管　　　　　　　　④缶

5. 彼は会社が倒産するといううわさをかん全に<u>ひてい</u>した。
   ①非定　　　　　　②否定　　　　　　　③非程　　　　　　　④否程

1.	2.	3.	4.	5.

【3】①～⑳の下線部の漢字または読み方を書いてください。

日本への留学

　日本へ来て半年がたった。日本へ来た①りゆうは、日本の大学を②そつぎょうして③貿易に関する④しごとをしたいと思ったからだ。

　去年、東アジアの⑤島国である日本に⑥留学したいと⑦そうだんしたとき、りょう親はとてもおどろいていた。日本について何も知らなかったりょう親に、日本はとても⑧あんぜんで、⑨気候も⑩温暖で住みやすい国だと⑪せつめいした。⑫さんせいしてくれるまで少し時間はかかったが、今は父も母も私の留学をおうえんしてくれている。

　そして今、私は自分の夢をかなえるために、毎日日本語の勉強をがんばっている。日本語は文字の⑬種類がいくつもあって⑭おぼえるのが⑮たいへんだが、学校の⑯授業はわかりやすいし、先生も優しいので毎日楽しい。

　そして、⑰最近一番うれしかったのはアルバイト先で日本人の親友ができたことだ。日本の生活について悩んでいたとき、彼は私の話をずっと聞いてくれた。また、お客さんに⑱失礼な言い方をして怒られたときも、いっしょにあやまってくれた。本当にたよりになる⑲存在だ。

　これからも⑳くろうすることはあると思うが、勉強はもちろん、いろいろな経験を積んで、じゅう実した留学生活を送りたいと思う。

①	②	③	④
⑤	⑥	⑦	⑧
⑨	⑩	⑪	⑫
⑬	⑭	⑮	⑯
⑰	⑱	⑲	⑳

熟字訓
じゅく じ くん

明日	あす	立ち退く	たちのく
小豆	あずき	七夕	たなばた
意気地	いくじ	足袋	たび
海原	うなばら	一日	ついたち
乳母	うば	手伝う	てつだう
笑顔	えがお	伝馬船	てんません
大人	おとな	父さん	とうさん
一昨日	おととい	十重二十重	とえはたえ
一昨年	おととし	読経	どきょう
お神酒	おみき	時計	とけい
母屋／母家	おもや	友達	ともだち
母さん	かあさん	仲人	なこうど
神楽	かぐら	名残	なごり
河岸	かし	兄さん	にいさん
河原／川原	かわら	姉さん	ねえさん
昨日	きのう	野良	のら
今日	きょう	二十日	はつか
果物	くだもの	一人	ひとり
今朝	けさ	日和	ひより
心地	ここち	二日	ふつか
今年	ことし	下手	へた
差し支える	さしつかえる	部屋	へや
五月	さつき	真っ赤	まっか
五月雨	さみだれ	真っ青	まっさお
時雨	しぐれ	息子	むすこ
竹刀	しない	八百長	やおちょう
清水	しみず	八百屋	やおや
三味線	しゃみせん	大和	やまと
上手	じょうず	行方	ゆくえ
師走	しわす	若人	わこうど
山車	だし		

◆1章　生活

●p16　生活1
①おきる　②おこったら　③おこして　④きしょう　⑤ねながら　⑥ねかす　⑦しんしつ　⑧あびる　⑨にゅうよく　⑩おゆ
①早寝早起き　②起動　③寝ぼう　④昼寝　⑤浴びせる　⑥浴室　⑦湯船　⑧熱湯

●p17　生活2
①あらう　②てあらい　③せんたくき　④せんざい　⑤ほす　⑥ひもの　⑦かんしょう　⑧せいかつ　⑨せいかつひ　⑩かっぱつ
①洗ったら　②お手洗い　③洗濯物　④干す　⑤食生活　⑥活気　⑦活発に　⑧活動

●p18　ゴミ
①ひろう　②しゅうとくぶつ　③すてる　④ししゃごにゅう　⑤もえた　⑥もす　⑦かねん　⑧ふくろ　⑨かみぶくろ　⑩てぶくろ
①拾った　②拾い　③捨てて　④捨て方　⑤不燃　⑥燃やさないで　⑦袋　⑧袋

●p19　カレンダー1
①すいようび　②かようび　③すえ　④しゅうまつ　⑤きまつ　⑥まつ　⑦さくばん　⑧さくねん　⑨よくしゅう　⑩よくじつ
①木曜日　②金曜日　③月末　④年末年始　⑤末っ子　⑥昨日　⑦昨晩　⑧翌年

●p20　カレンダー2
①よてい　②てんきよほう　③さだめる　④さだか　⑤じょうぎ　⑥もちいて　⑦こどもよう　⑧りよう　⑨こと　⑩だいじな
①予定　②予習　③予約　④定まった　⑤定期　⑥用事　⑦食事　⑧行事

●p21　復習
①しんしつ　②ねんまつねんし　③ほした　④おこった　⑤すえっこ　⑥てぶくろ　⑦せいかつ　⑧もちいられて　⑨ねっとう　⑩もやす
①早起き　②予定　③利用　④浴びて　⑤拾い　⑥捨てないで　⑦洗濯物　⑧金曜日　⑨お手洗い　⑩大事な

◆2章　料理

●p22　作る1
①あつい　②ねつ　③ひやして　④さめても　⑤つめたい　⑥ひや　⑦あたたまった　⑧あたたかい　⑨おんど　⑩きおん
①熱い　②冷えて　③冷まして　④冷やかす　⑤温める　⑥温かな　⑦体温計　⑧支度

●p23　作る2
①ざいりょう　②もくざい　③かた　④さいしんがた　⑤ぶんけい　⑥やいた　⑦ひやけ　⑧ねんしょう　⑨うつわ　⑩しょっき
①材料　②食材　③人材　④焼いた　⑤焼ける　⑥食器　⑦器　⑧器用

●p24　食材1
①たまご　②らんぱく　③ちち　④ぎゅうにゅう　⑤ほにゅうるい　⑥こむぎこ　⑦ふんまつ　⑧こなぐすり　⑨しおあじ　⑩しお
①卵　②卵黄　③牛乳　④粉　⑤粉　⑥花粉　⑦塩　⑧塩分

●p25　食材2
①やさい　②なのはな　③はたす　④はてた　⑤はて　⑥かじつしゅ　⑦まめ　⑧だいず　⑨とうふ　⑩かん
①生野菜　②菜園　③果たした　④結果　⑤豆　⑥なっ豆　⑦缶　⑧缶づめ

●p26　数え方
①さかずき　②にはい　③いっぱい　④かんぱい　⑤まいすう　⑥いっぴき　⑦ひってき　⑧はかったら　⑨けいりょう　⑩けいりょう
①何杯　②一杯　③二枚　④三枚　⑤十枚　⑥二匹　⑦三匹　⑧量る

●p27　復習
①きおん　②ひえる　③はたした　④いっぱい　⑤はかって　⑥しょっき　⑦たまご　⑧こな　⑨やさい　⑩だいず
①熱くて　②冷たい　③温かい　④5枚　⑤焼けた　⑥型　⑦牛乳　⑧材料　⑨塩分　⑩缶づめ

● p28　１・２章アチーブメントテスト（配点：【１】【２】は各２点、【３】は各４点）
【１】１.① 2.② 3.④ 4.④ 5.③
【２】１.② 2.③ 3.④ 4.① 5.③
【３】①はやおき ②いっぱい ③熱い ④あびる ⑤温度 ⑥せんたくき ⑦洗剤 ⑧何枚 ⑨ほす ⑩
野菜 ⑪くだもの ⑫まめ ⑬粉 ⑭お湯 ⑮予定 ⑯やく ⑰缶 ⑱しょくじ ⑲にひき ⑳よくしゅう

● p30　１・２章クイズ
【１】１.翌 2.杯 3.拾 4.袋 5.捨
【２】①生活 ②寝 ③食事 ④燃 ⑤燃 ⑥捨 ⑦土曜日 ⑧予定
【３】１.冷 つめたい 2.豆 えだまめ 菜 なまやさい 焼 やきざかな 3.缶 かん 4.末 しゅ
うまつ 事 ようじ 5.塩 しおあじ
【４】①材料 ②卵 ③小麦粉 ④牛乳 ⑤果物 ⑥量る ⑦型 ⑧焼く ⑨度 ⑩温める

◆ ３章　病院
● p32　体
①あたま ②せんとう ③ねんとう ④きょうとうせんせい ⑤かお ⑥くび ⑦ぶしゅ ⑧はなみず ⑨
はな ⑩じびか
①口頭 ②頭文字 ③笑顔 ④童顔 ⑤顔色 ⑥首 ⑦首相 ⑧鼻声
● p33　呼吸
①よんだら ②よぶ ③すわないで ④しんこきゅう ⑤すう ⑥きゅうそく ⑦いき ⑧いき ⑨りそく
⑩あせ
①呼ぶ ②呼吸 ③吸い ④息 ⑤息苦しい ⑥汗 ⑦冷や汗 ⑧発汗
● p34　検査
①てんけん ②たんけん ③けんさ ④しんさいん ⑤は ⑥むしば ⑦えいきゅうし ⑧しせき ⑨いた
くて ⑩ずつう
①検査 ②検討 ③調査 ④歯科 ⑤歯ぐき ⑥痛む ⑦痛い ⑧苦痛
● p35　けが
①ち ②けっかん ③しけつ ④せっけっきゅう ⑤けつえき ⑥えきたい ⑦つつんで ⑧ほうたい ⑨
いったい ⑩おび
①血 ②出血 ③血液型 ④血色 ⑤液体 ⑥小包 ⑦包帯 ⑧地帯
● p36　救急
①すくう ②きゅうきゅうしゃ ③きゅうしゅつ ④たすかる ⑤たすける ⑥じょげん ⑦きゅうじょ
⑧しにそう ⑨なくなった ⑩びょうし
①救って ②救急箱 ③助けた ④補助金 ⑤死んで ⑥死亡 ⑦亡命 ⑧逃亡
● p37　復習
①あたま ②くび ③いたく ④こきゅう ⑤じびか ⑥あせ ⑦ほうたい ⑧しゅっけつ ⑨しぼう ⑩
たすけた
①頭痛 ②虫歯 ③息 ④笑顔 ⑤鼻声 ⑥検査 ⑦一帯 ⑧血液型 ⑨助かる ⑩救急車

◆ ４章　交通
● p38　交差点
①かど ②つの ③かくど ④めいきょく ⑤まがらない ⑥うせつ ⑦みつおり ⑧おった ⑨すいろ
⑩いえじ
①角 ②方角 ③曲 ④曲げない ⑤折れた ⑥左折 ⑦通路 ⑧道路
● p39　事こ
①おう ②おわれて ③ついとつ ④つく ⑤とつぜん ⑥ころがる ⑦ころげ ⑧ころぶ ⑨てんとう
⑩たおして
①追う ②追試 ③突風 ④衝突 ⑤転がす ⑥自転車 ⑦倒れる ⑧倒さん
● p40　位置
①いち ②じょうい ③くらい ④おく ⑤おき ⑥おきば ⑦おうてん ⑧よこがお ⑨よこがき ⑩
ちゅうおう
①一位 ②地位 ③位 ④設置 ⑤置く ⑥横 ⑦横断 ⑧中央
● p41　高速道路①
①なおす ②ちょくぜん ③しょうじきな ④ただちに ⑤ろせんず ⑥せん ⑦さからう ⑧さかご ⑨
ぎゃく ⑩がわ

①直線　②直った　③直後　④ローカル線　⑤逆らって　⑥逆転　⑦右側　⑧側面
● p42　高速道路②
①そそいで　②ちゅうい　③ちゅうもく　④いみ　⑤けつい　⑥はし　⑦いしばし　⑧すすめる　⑨しんがく　⑩しんぽ
①注意　②注ぐ　③注文　④意見　⑤意外に　⑥鉄橋　⑦歩道橋　⑧進路
● p43　復習
①よこ　②そそいだ　③がわ　④はし　⑤おって　⑥ちい　⑦おいて　⑧ちゅうおう　⑨ただちに　⑩ぎゃくてん
①曲がって　②正直に　③追う　④突然　⑤角　⑥進学　⑦注意　⑧倒れて　⑨南側　⑩線

● p44　3・4章アチーブメントテスト（配点：【1】【2】は各2点、【3】は各4点）
【1】1.③　2.④　3.①　4.④　5.②
【2】1.③　2.①　3.④　4.①　5.①
【3】①道路　②ついとつ　③直線　④横転　⑤おって　⑥かたがわ　⑦いっしゃせん　⑧注意　⑨きゅうじょ　⑩たすけだされた　⑪顔　⑫いき　⑬死亡　⑭不注意　⑮ろじょう　⑯転倒　⑰歯　⑱はな　⑲出血　⑳けんさ

● p46　3・4章クイズ
【1】①頭　②顔　③鼻　④歯　⑤首
【2】1.①央　②横　2.①意　②位　3.①頭　②倒　4.①救　②吸
【3】1.頭 痛 汗　2.血 包 帯　3.鼻　4.血 検 査　5.歯 痛 顔 歯
【4】①進めば　②角　③曲がる　④道路　⑤注意　⑥右折　⑦歩道橋　⑧反対側　⑨左側

◆ 5章　スポーツ
● p48　勝負
①たたかう　②まけいくさ　③さくせん　④けっていせん　⑤けつい　⑥あっしょう　⑦まさって　⑧しょうぶ　⑨ふたん　⑩せおって
①挑戦　②戦い　③決心　④多数決　⑤決める　⑥決勝　⑦負けて　⑧負かした
● p49　大会
①かわって　②かえて　③しょくじだい　④だいり　⑤みのしろきん　⑥ひょう　⑦あらわせない　⑧ひょうじ　⑨かいすうけん　⑩まわって
①時代　②交代　③表れて　④表　⑤代表　⑥毎回　⑦回して　⑧第一回
● p50　記録1
①しるす　②あんき　③きにゅう　④とうろく　⑤ろくおん　⑥ろくが　⑦すぐれた　⑧ゆうしょう　⑨ゆうせん　⑩しょうじょう
①日記　②記事　③記念　④記録　⑤録音　⑥優しい　⑦受賞　⑧賞金
● p51　記録2
①まいびょう　②びょうよみ　③ひざし　④じさ　⑤さ　⑥さべつ　⑦よそく　⑧そくてい　⑨じゅんじょ　⑩じゅんばん
①秒　②秒速　③大差　④差して　⑤測量　⑥計測　⑦順　⑧不順
● p52　野球
①ちきゅうぎ　②きゅうぎ　③だきゅう　④きょうだ　⑤だいだ　⑥とうだ　⑦とうしょ　⑧じゅうてん　⑨まんてん　⑩ごだてん
①野球部　②打った　③投手　④投げた　⑤同点　⑥利点　⑦点数　⑧交差点
● p53　復習
①かって　②しんきろく　③まけて　④てんすう　⑤なげて　⑥しょう　⑦あらわす　⑧やさしい　⑨たたかい　⑩だいいっかい
①打った　②決心　③地球　④差　⑤秒　⑥代表　⑦決めた　⑧計測　⑨投手　⑩順番

◆ 6章　感情
● p54　恋愛1
①かんじょうてきに　②あんしんかん　③かんどう　④なさけ　⑤ふぜい　⑥こいしい　⑦こう　⑧あいよう　⑨あいじょう　⑩だいれんあい
①感じた　②感想　③感心　④友情　⑤同情　⑥恋　⑦恋人　⑧愛

● p55　恋愛2
①しんらい　②しんごう　③くうそう　④あいそ（あいそう）　⑤つたえる　⑥つたって　⑦でんせつ　⑧でんごん　⑨でんとう　⑩ほっする
①信じて　②自信　③信用　④予想　⑤理想　⑥伝わった　⑦食欲　⑧欲しい

● p56　悩み
①くるしんで　②くるしめて　③にがみ　④くつう　⑤くじょう　⑥なやまされて　⑦こまった　⑧こんなん　⑨たえがたい　⑩なんしょ
①苦しい　②苦い　③苦労　④苦心　⑤悩んで　⑥困って　⑦難しくて　⑧難問

● p57　気持ちの表れ1
①おこられた　②げきど　③かなしい　④ひげき　⑤ひかん　⑥わらった　⑦ばくしょう　⑧ほほえんだ　⑨よろこばれた　⑩きどあいらく
①怒り　②悲しむ　③悲恋　④大笑い　⑤笑顔　⑥笑い声　⑦喜んで　⑧大喜び

● p58　気持ちの表れ2
①のこして　②ざんぎょう　③ざんせつ　④せんねん　⑤ねんがん　⑥しんねん　⑦ねん　⑧ないた　⑨ごうきゅう　⑩なみだごえ
①残って　②残念　③残さず　④入念に　⑤記念日　⑥泣き　⑦泣き虫　⑧涙

● p59　復習
①あいじょう　②れんあいちゅう　③りそうてきな　④なみだ　⑤なやんで　⑥おこられた　⑦ざんねん　⑧かなしい　⑨こんなん　⑩よろこんで
①感想文　②恋人　③伝言　④自信　⑤泣いた　⑥苦しかった　⑦困った　⑧難しい　⑨笑った　⑩欲しい

● p60　5・6章アチーブメントテスト（配点：【1】【2】は各2点、【3】は各4点）
【1】1.①　2.②　3.④　4.①　5.②
【2】1.②　2.③　3.①　4.①　5.④
【3】①悩み　②恋人　③一回　④野球　⑤せん　⑥うって　⑦勝ちたい　⑧わらって　⑨あいじょう　⑩悲しく　⑪なみだ　⑫れんあい　⑬信じて　⑭伝える　⑮むずかしい　⑯泣いたり　⑰おこったり　⑱かんじょうてきに　⑲困らせる　⑳やさしい

● p62　5・6章クイズ
【1】1.打　うって　2.秒　いちびょうさ　3.記　にっき　4.順　じゅんい　5.欲　ほしい
【2】1.決　2.記　3.苦　4.涙　5.感
【3】①だいひょう　②とうしゅ　③たま　④じしん　⑤しょうぶ　⑥やきゅう　⑦えがお　⑧じゅうななしょう　⑨さいたしょう　⑩ゆうしょう

◆ 7章　結婚

● p64　結婚
①むすぶ　②ゆわえる　③ゆう　④ゆって　⑤けっこん　⑥けっか　⑦きんこんしき　⑧しんこん　⑨しょうかい　⑩ちゅうかいりょう
①結ぶ　②結って　③結末　④結論　⑤婚約　⑥未婚　⑦自己紹介　⑧魚介

● p65　独身
①どくしん　②どくりつ　③ひとりごと　④みぢかな　⑤み　⑥しんちょう　⑦ちょきん　⑧きまつ　⑨きたい　⑩さいご
①独り立ち　②独身　③出身　④身分　⑤中身　⑥貯金　⑦期待　⑧新学期

● p66　婚約
①よやく　②かいやく　③はなたば　④やくそく　⑤かならず　⑥ひっしょう　⑦まもる　⑧こもりうた　⑨しゅび　⑩るす
①婚約　②約　③結束　④束　⑤必ず　⑥必死　⑦お守り　⑧厳守

● p67　結婚式
①せいしき　②けっこんしき　③しょしき　④ぎょうれつ　⑤れっとう　⑥いわう　⑦しゅくが　⑧ごしゅうぎ　⑨ふつかよい　⑩でいすい
①一式　②株式　③一列　④列車　⑤祝い　⑥祝日　⑦酔い　⑧酔っぱらい

● p68　幸せ
①えいえん　②えいじゅう　③ねがう　④がんしょ　⑤さいわいな　⑥さち　⑦しあわせ　⑧こううん　⑨ふく　⑩ふくし
①末永く　②願い事　③出願　④不幸　⑤幸せに　⑥幸　⑦幸福な　⑧祝福

①しんちょう　②しゅっしん　③ゆわえて　④みまもって　⑤ぎょうれつ　⑥はなたば　⑦いっしき　⑧えいじゅう　⑨ふつかよい　⑩ひとりごと
①独立　②予約　③新婚　④必ず　⑤紹介　⑥貯金　⑦幸せな　⑧祝福　⑨願って　⑩お祝い

◆ 8 章　関係

● p70　人間関係
①せきしょ　②かかわる　③げんかん　④かかりいん　⑤かんけい　⑥やわらぎ　⑦なごむ　⑧わしょく　⑨つく　⑩ふきん
①関東地方　②関わる　③関心　④関係　⑤和らいだ　⑥和やかに　⑦片付ける　⑧付き合い

● p71　家族
①むすめ　②おいて　③ふけて　④けいろう　⑤ふうふ　⑥ふじんふく　⑦しゅふ　⑧しんぷ　⑨せい　⑩どうせいどうめい
①一人娘　②娘　③老いた　④老後　⑤老夫婦　⑥主婦　⑦姓　⑧姓

● p72　仲間
①なかよし　②ちゅうさい　③きみ　④くん　⑤かれ　⑥かのじょ　⑦おひがん　⑧ほか　⑨たごんむよう　⑩たにん
①仲　②仲間　③仲介　④君　⑤彼氏　⑥彼女　⑦その他　⑧他国

● p73　友人
①なれそめ　②かきぞめ　③ういういしい　④しょにち　⑤ふたたび　⑥さいしけん　⑦さらいねん　⑧ひさしく　⑨えいきゅうに　⑩じょうたつ
①初め　②初めて　③初雪　④初心　⑤最初　⑥再会　⑦久しぶりに　⑧速達

● p74　個性
①いっこ　②こしつ　③こせいてき　④せいしつ　⑤あいしょう　⑥かっこく　⑦かくじ　⑧かく　⑨しかく　⑩しっかく
①個人的な　②個性　③女性客　④水性　⑤冷え性　⑥各地　⑦合格祈願　⑧性格

● p75　復習
①かかわって　②わしょく　③むすめ　④ふけて　⑤こせい　⑥くん　⑦ほか　⑧しょしん　⑨さらいげつ　⑩かく
①関係　②夫婦　③同姓同名　④老後　⑤個性的　⑥性格　⑦仲　⑧初めて　⑨再会　⑩速達

● p76　7・8章アチーブメントテスト（配点：【1】【2】は各2点、【3】は各4点）
【1】1. ①　2. ②　3. ③　4. ②　5. ③
【2】1. ①　2. ③　3. ④　4. ①　5. ④
【3】①そめ　②けっこん　③祝った　④友達　⑤紹介　⑥つきあい　⑦婚約　⑧まもる　⑨ひさしぶり　⑩酔った　⑪せいかく　⑫君　⑬どくしん　⑭祝福　⑮けっこんしき　⑯仲　⑰じょうたつ　⑱娘　⑲しあわせ　⑳ねがって

● p78　7・8章クイズ
【1】1. 結　2. 娘　3. 姓　4. 仲　5. 係　6. 約　7. 紹
【2】1. 他 たにん たしゃ　2. 各 かっこく かくち　3. 初 はつゆき しょしん　4. 再 さいかい さいせい　5. 身 みぶん しんちょう
【3】①幸せ　②独立　③各地　④個性　⑤娘　⑥貯金　⑦和食
【4】①けっこん　②ふうふ　③さいかい　④つきあって　⑤こせい　⑥かれ　⑦しあわせな　⑧かならず　⑨まもる　⑩やくそく　⑪ねがって　⑫すえながく

◆ 9 章　学校

● p80　子ども
①おさない　②ようちえん　③ようしょうき　④おさない　⑤じどう　⑥にゅうじ　⑦しょうにか　⑧どうわ　⑨わらべうた　⑩せいと
①幼い　②幼児　③児童　④育児　⑤小児科　⑥童心　⑦生徒　⑧徒歩

● p81　先生
①かつぐ　②になう　③たんとう　④まかせる　⑤ふたん　⑥いし　⑦くむ　⑧くみ　⑨くみたてる　⑩そしき
①任される　②担う　③担任　④教師　⑤調理師　⑥組んで　⑦組み合わせ　⑧番組

● p82　教室
①つくえ　②つくえ　③すわった　④せいざ　⑤いた　⑥こくばん　⑦けいじばん　⑧ふで　⑨えんぴつ
⑩まんねんひつ
①机　②座って　③正座　④まな板　⑤板書　⑥筆者　⑦筆記試験　⑧筆
● p83　社会科
①せいじ　②せいふ　③おさめて　④なおる　⑤なおして　⑥へて　⑦けいざい　⑧けいけん　⑨すんだら
⑩すました
①政治　②治まった　③治す　④治療　⑤経て　⑥経験　⑦済まして　⑧返済
● p84　体育
①どうぐ　②ぶんぐてん　③ぐたいれい　④はこ　⑤あきばこ　⑥ぼう　⑦ぼう　⑧のびた　⑨さしのべる
⑩くっしん
①家具　②遊具　③箱　④ゴミ箱　⑤鉄棒　⑥棒グラフ　⑦伸ばしたい　⑧伸び
● p85　復習
①になう　②ひっしゃ　③せいふ　④まかせられる　⑤すわって　⑥おさない　⑦つくえ　⑧しょうにか
⑨のびた　⑩ちりょう
①教師　②組　③黒板　④家具　⑤箱　⑥童話　⑦済んだら　⑧生徒　⑨経済　⑩棒

◆ 10章　受験
● p86　希望
①きしょう　②きぼう　③ぼうえんきょう　④のぞんで　⑤ゆめ　⑥ゆめ　⑦むちゅう　⑧まと　⑨ぜんこ
くてきに　⑩もくてき
①希望　②望む　③失望　④悪夢　⑤夢　⑥的中　⑦代表的　⑧計画的
● p87　学校探し
①かのうな　②かのうせい　③さいのう　④のうりょくしけん　⑤ととのった　⑥ちょうし　⑦しらべる
⑧ちょうさ　⑨えらぶ　⑩せんきょ
①不可能な　②能力　③性能　④体調　⑤順調　⑥調える　⑦選ばれた　⑧選手
● p88　面接1
①めんせつ　②おもなが　③そとづら　④めんして　⑤つぐ　⑥せっきん　⑦うける　⑧じゅけん　⑨おと
した　⑩おちて
①正面　②面　③接する　④受かって　⑤受信　⑥受け取った　⑦落とす　⑧落語
● p89　面接2
①にばい　②ばいりつ　③ひといちばい　④ひきいて　⑤かくりつ　⑥たいらに　⑦ひらしゃいん　⑧へい
じつ　⑨へいきん　⑩きんいつ
①三倍　②効率　③引率　④平和な　⑤平成　⑥平らな　⑦平　⑧平等に
● p90　成績
①なる　②なし　③せいこう　④せいせき　⑤ぎょうせき　⑥よくない　⑦りょうこう　⑧わるく　⑨わる
ぎ　⑩おかん
①完成　②成長　③達成　④成人式　⑤実績　⑥不良品　⑦悪口　⑧悪化
● p91　復習
①ばいりつ　②せいちょう　③いんそつ　④わるぐち　⑤うかった　⑥ふかのう　⑦そとづら　⑧りょうこ
うな　⑨めんせつ　⑩たいちょう
①希望　②落として　③夢中　④率いて　⑤性能　⑥目的　⑦平均　⑧選ばれた　⑨調べる　⑩成績

● p92　9・10章アチーブメントテスト（配点：【1】【2】は各2点、【3】は各4点）
【1】1.②　2.③　3.③　4.④　5.④
【2】1.②　2.①　3.④　4.②　5.③
【3】①まと　②組　③たんにん　④生徒　⑤えらばれた　⑥へいきんてん　⑦悪かった　⑧おちこんで
⑨治る　⑩ぶんぐ　⑪済まして　⑫すわって　⑬てつぼう　⑭伸びて　⑮受験　⑯筆記　⑰めんせつ　⑱倍
率　⑲きぼう　⑳せいざ

● p94　9・10章クイズ
【1】①ようちえん　②きょうし　③いし　④せいじ　⑤せんしゅ
【2】①面接　めんせつ　②徒歩　とほ　③希望　きぼう　④筆記　ひっき
【3】①まじめ　②調理師　③ぎょうせき　④夢　⑤えんぴつ　⑥落としたり　⑦こくばん　⑧的
【4】①くみ　②たんにん　③せいせき　④わるく　⑤すわって　⑥おちこむ　⑦ゆめ　⑧かのうせい　⑨

いし　⑩のび

● p96　1-10章まとめテスト（配点：【1】【2】は各2点、【3】は各4点）
【1】1. ④　2. ③　3. ②　4. ③　5. ④
【2】1. ①　2. ①　3. ②　4. ③　5. ④
【3】①優勝　②せんしゅ　③落ちて　④いち　⑤悩んだ　⑥きろく　⑦伸びなくて　⑧じき　⑨信じて
⑩涙　⑪さくねん　⑫結婚　⑬むすめ　⑭喜んで　⑮残念な　⑯けっか　⑰あたたかい　⑱助けられ　⑲夢
⑳笑顔

◆ 11章　授業
● p98　授業
①さずかる　②かみわざ　③がくぎょう　④じゅぎょう　⑤ざんぎょう　⑥しょきゅう　⑦こうきゅうな
⑧どうきゅうせい　⑨しんそつ　⑩そつぎょう
①授ける　②授業　③教授　④休業　⑤業界　⑥中級　⑦進級　⑧卒業
● p99　欠席
①かけて　②かいて　③けっせき　④せき　⑤しゅっせき　⑥よし　⑦けいゆ　⑧りゆう　⑨やくして　⑩
もうしわけ
①欠ける　②欠点　③指定席　④座席　⑤自由な　⑥由来　⑦通訳　⑧言い訳
● p100　説明
①たとえば　②れいねん　③やさしい　④あんいに　⑤ぼうえき　⑥といて　⑦げねつざい　⑧りかい　⑨
といた　⑩せつめい
①例　②例外　③実例　④安易に　⑤解説　⑥読解　⑦説明　⑧小説
● p101　努力
①おぼえた　②さます　③はっかく　④じかく　⑤わすれもの　⑥ぼうねんかい　⑦つとめる　⑧どりょく
か　⑨つづける　⑩れんぞく
①覚めた　②感覚　③味覚　④忘れた　⑤努める　⑥努力　⑦降り続いて　⑧続行
● p102　勉強
①いる　②かなめ　③ひつような　④ようやく　⑤おうふく　⑥ふっき　⑦おぎなって　⑧ほしゅう　⑨き
きめ　⑩こうかてきな
①主要な　②要注意　③回復　④復習　⑤補給　⑥立候補　⑦無効　⑧有効に
● p103　復習
①さずかった　②けっせき　③やくした　④れいねん　⑤やさしい　⑥どりょく　⑦れんぞく　⑧とけた
⑨いる　⑩きいて
①高級　②卒業　③出席　④覚える　⑤忘れて　⑥復習　⑦理解　⑧説明　⑨補う　⑩理由

◆ 12章　地球
● p104　生物
①たね　②ひんしゅ　③たぐい　④しゅつがんしょるい　⑤しゅるい　⑥そんぞく　⑦ほぞん　⑧そんざい
⑨ありかた　⑩ざいがくちゅう
①種　②予防接種　③分類　④衣類　⑤存在　⑥温存　⑦生存者　⑧在宅
● p105　天体
①たいよう　②さんようちほう　③ようきな　④きょだいな　⑤きょまん　⑥ひょうてんか　⑦かわ　⑧
ひょうが　⑨かせん　⑩うんが
①太陽　②陽性　③巨人　④巨額　⑤氷　⑥かき氷　⑦氷山　⑧河口
● p106　自然
①しき　②きせつ　③きこう　④てんこう　⑤あたたかく　⑥あたたまった　⑦おんだんか　⑧ながれて
⑨ながし　⑩りゅうこう
①雨季　②冬季　③候補者　④暖める　⑤暖かい　⑥暖冬　⑦流れ　⑧流氷
● p107　地形1
①かたち　②せいけい　③にんぎょう　④そこ　⑤てっていてきに　⑥ふかい　⑦ふかまり　⑧しんや　⑨
あさく　⑩せんぱくな
①形　②形式　③底　④底辺　⑤海底　⑥深める　⑦深海魚　⑧浅い
● p108　地形2
①しまぐに　②れっとう　③むじんとう　④ちゃくりく　⑤じょうりく　⑥きしべ　⑦かいがん　⑧たいが
ん　⑨さかみち　⑩さか

①島　②半島　③陸　④陸上　⑤大陸　⑥川岸　⑦お彼岸　⑧坂
● p109　復習
①ざいたく　②そんざいかん　③ひょうてんか　④きょだいな　⑤ようきな　⑥きこう　⑦うんが　⑧そこ　⑨しんや　⑩たいりく
①種類　②太陽　③形式　④四季　⑤暖かい　⑥流れて　⑦浅い　⑧島　⑨坂道　⑩海岸

● p110　11・12章アチーブメントテスト（配点：【1】【2】は各2点、【3】は各4点）
【1】1.②　2.③　3.①　4.②　5.③
【2】1.④　2.①　3.①　4.③　5.②
【3】①じゅうような　②ざいがくちゅう　③じゅぎょう　④復習　⑤かいせつしょ　⑥覚えましょう　⑦忘れずに　⑧しんきゅう　⑨ほしゅう　⑩よんしゅるい　⑪出席　⑫こうか　⑬努力　⑭つづけて　⑮欠席　⑯必要　⑰理由　⑱説明　⑲こうりゅうかい　⑳深めましょう

● p112　11・12章クイズ
【1】①説明　②補習　③有効　④種類　⑤理解　【2】な　【3】1.復習　2.欠席　3.卒業　4.努力　5.通訳
【4】①自由に　②かんかく　③しゅるい　④深めましょう　⑤かいてい　⑥ひょうが　⑦たいよう　⑧四季　⑨れっとう　⑩巨大

◆13章　旅行
● p114　旅行1
①じゅんび　②せつび　③しゅび　④そなえて　⑤むかえる　⑥でむかえ　⑦そうげい　⑧かわる　⑨へんな　⑩へんか
①準優勝　②準備　③備わって　④予備　⑤迎える　⑥送迎　⑦変えて　⑧変
● p115　旅行2
①とぶ　②ひこうき　③うつった　④うつされた　⑤いじゅう　⑥のぼる　⑦とざんどう　⑧とまる　⑨とめる　⑩にはくみっか
①飛ばす　②飛び出した　③移動　④移植　⑤移転　⑥登山　⑦登録　⑧宿泊
● p116　ツアー
①だんたいきゃく　②だんけつ　③がくだん　④ふとん　⑤にってい　⑥さきほど　⑦おうべい　⑧おうしゅう　⑨きゅうしゅう　⑩さんかくす
①団体　②団地　③日程　④程　⑤程度　⑥欧米化　⑦本州　⑧九州
● p117　観光1
①かんこうち　②しゅかんてきな　③かんきゃく　④こぶね　⑤ふなもり　⑥えんげい　⑦げいじゅつ　⑧げいのうかい　⑨えんぜつ　⑩えんじる
①観　②観葉　③観光　④舟　⑤文芸　⑥伝統芸能　⑦開演　⑧演技
● p118　観光2
①ほとけさま　②ほとけごころ　③だいぶつ　④かみ　⑤しんけいしつな　⑥まつる　⑦なつまつり　⑧さいじつ　⑨かいが　⑩あぶらえ
①念仏　②仏教　③神社　④失神　⑤文化祭　⑥雪祭り　⑦絵本　⑧絵の具
● p119　復習
①きゅうしゅう　②じゅんゆうしょう　③しんけいしつ　④おうべいか　⑤だんたい　⑥かいが　⑦えんじる　⑧じんじゃ　⑨ぶっきょう　⑩ふね
①迎え　②夏祭り　③日程　④備えて　⑤芸能人　⑥観光客　⑦飛んで　⑧変　⑨二泊三日　⑩移動

◆14章　家
● p120　室内1
①おして　②おうしゅう　③おさえた　④ひける　⑤ごういんに　⑥とる　⑦しゅざい　⑧きえる　⑨けす　⑩しょうぼうしゃ
①押された　②引く　③引火　④引き出す　⑤引用　⑥取り消す　⑦消しゴム　⑧消化
● p121　室内2
①と　②とだな　③もんこ　④まど　⑤まど　⑥しゃそう　⑦ろっかい　⑧かいだん　⑨いしだん　⑩しゅだん
①あみ戸　②一戸建て　③同窓会　④窓　⑤窓口　⑥4階　⑦3段目　⑧段階

●p122 植物
①うえる ②しょくぶつ ③いしょく ④は ⑤ことば ⑥おちば ⑦み ⑧じっか ⑨ねもと ⑩きゅうこん
①植わって ②植木 ③紅葉 ④実 ⑤実力 ⑥根 ⑦屋根 ⑧根本
●p123 建築
①たつ ②こんりゅう ③きずく ④しんちく ⑤かまえる ⑥こうぞう ⑦たてもの ⑧つくる ⑨もくぞう ⑩ぞうか
①建てる ②建築 ③築 ④構成 ⑤構内 ⑥構わない ⑦建造物 ⑧造船業
●p124 室内3
①もうける ②けんせつ ③せってい ④はしら ⑤でんちゅう ⑥きんこ ⑦むいた ⑧むかう ⑨むこう ⑩ほうこう
①設計 ②設立 ③建設 ④大黒柱 ⑤車庫 ⑥向いて ⑦向けて ⑧向上心
●p125 復習
①けす ②だいこくばしら ③しんちく ④もくぞう ⑤おされて ⑥じつりょく ⑦いっこだて ⑧きんこ ⑨うえた ⑩こんりゅう
①紅葉 ②構える ③屋根 ④階段 ⑤設計 ⑥取り消した ⑦向いたら ⑧築 ⑨窓 ⑩強引な

●p126 13・14章アチーブメントテスト（配点：【1】【2】は各2点、【3】は各4点）
【1】1.③ 2.③ 3.④ 4.③ 5.④
【2】1.① 2.③ 3.② 4.③ 5.②
【3】①にかい ②移りたい ③しんちく ④構造 ⑤備え ⑥階段 ⑦と ⑧うえられ ⑨紅葉 ⑩南向き ⑪いっこだて ⑫窓 ⑬かみさま ⑭神社 ⑮夏祭り ⑯かんこうきゃく ⑰建築家 ⑱設計 ⑲絵 ⑳準備

●p128 13・14章クイズ
【1】造 引 根 段
【2】1.①欧 ②押 2.①絵 ②階 3.①芸 ②迎
【3】①おうしゅう ②だんたい ③かんこうきゃく ④げいじゅつ ⑤そうげい ⑥いどう ⑦かいえん ⑧にってい ⑨ひこうき ⑩しゅくはく ⑪かわる ⑫とりけす

◆15章 仕事
●p130 求職
①つかえる ②しかた ③ちからしごと ④しょく ⑤しゅうしょく ⑥もとめた ⑦ようきゅう ⑧きゅうしょくちゅう ⑨さぐる ⑩さがした
①仕送り ②仕事 ③職業 ④転職 ⑤求めている ⑥求人 ⑦探し物 ⑧探検
●p131 マナー
①つねに ②とこなつ ③つうじょうどおり ④じょうしき ⑤むいしきに ⑥うしなって ⑦しつぎょう ⑧しっぱい ⑨おれい ⑩れいぎ
①常に ②日常 ③知識 ④意識 ⑤失った ⑥失望 ⑦礼金 ⑧失礼
●p132 仕事1
①くろう ②ひろう ③しゃいん ④てんいん ⑤かいいん ⑥けいさつかん ⑦きかん ⑧かんみん ⑨ゆうびんきょく ⑩きょくちてきに
①労働 ②心労 ③全員 ④満員 ⑤駅員 ⑥外交官 ⑦結局 ⑧薬局
●p133 仕事2
①やめる ②じしょ ③じたい ④しりぞいた ⑤たいくつな ⑥たいがく ⑦つもって ⑧つみたい ⑨せっきょくてきに ⑩めんせき
①辞典 ②辞職 ③退ける ④引退 ⑤退職 ⑥積んで ⑦積む ⑧山積み
●p134 給料
①きゅうりょうび ②じきゅう ③おさめる ④おさめた ⑤しゅうしゅう ⑥きゅうしゅう ⑦ささえて ⑧しはいにん ⑨あつく ⑩おんこうな
①初任給 ②自給自足 ③収まる ④収入 ⑤支持 ⑥収支 ⑦支出 ⑧厚くて
●p135 復習
①しかた ②がいこうかん ③にちじょう ④ちしき ⑤おんこうな ⑥ささえる ⑦しりぞく ⑧きゅうじん ⑨つもって ⑩しつれいな
①職業 ②店員 ③探して ④辞書 ⑤吸収 ⑥苦労 ⑦失って ⑧時給 ⑨局 ⑩お礼

◆ 16章　会議

● p136　会議1
①かいぎ　②ぎじろく　③さんせい　④さんどう　⑤そりかえって　⑥はんせい　⑦いはん　⑧はんたい　⑨ぜったいに　⑩つい
①会議　②議題　③自画自賛　④賛成　⑤反って　⑥反らして　⑦対立　⑧対

● p137　会議2
①こうていてきな　②いなや　③ひてい　④さんぴ　⑤たもつ　⑥ほぞん　⑦とまらない　⑧かきとめ　⑨ほりゅう　⑩るす
①肯定側　②合否　③保つ　④保育園　⑤留める　⑥留意　⑦留学　⑧留守番

● p138　会議3
①はんけつ　②はんてい　③ひょうばん　④たつ　⑤だんてい　⑥たしかめる　⑦たしか　⑧かくりつ　⑨みとめて　⑩にんしき
①判断　②断った　③切断　④確かめる　⑤確かに　⑥正確　⑦認める　⑧確認

● p139　会議4
①むくいる　②じょうほう　③つげる　④ほうこく　⑤つらなって　⑥つれて　⑦れんぞく　⑧からまって　⑨からんで　⑩れんらくしゅだん
①速報　②予報　③告げる　④広告　⑤連ねる　⑥連休　⑦絡める　⑧連絡

● p140　会議5
①あいて　②あいしょう　③しんそう　④しゅしょう　⑤じょうだん　⑥おやゆび　⑦さして　⑧してい　⑨しめして　⑩あんじ
①相手　②相思相愛　③商談　④相談　⑤外相会談　⑥指示　⑦指して　⑧示して

● p141　復習
①ことわった　②みとめた　③つげた　④からまった　⑤そらせて　⑥たもって　⑦さんぴ　⑧あいて　⑨しじ　⑩かいぎ
①賛成　②反対　③報告　④否定　⑤保留　⑥判断力　⑦確認　⑧連続　⑨連れて　⑩相談

● p142　15・16章アチーブメントテスト（配点：【1】【2】は各2点、【3】は各4点）
【1】1.②　2.③　3.④　4.①　5.③
【2】1.②　2.③　3.②　4.①　5.②
【3】①仕事　②くろう　③駅員　④探し　⑤かくにん　⑥はんだん　⑦相手　⑧しつれいな　⑨じょうしき　⑩職　⑪やめて　⑫しじ　⑬確かめたり　⑭相談　⑮つねに　⑯かいぎ　⑰連れて　⑱きゅうりょうび　⑲知識　⑳みとめて

● p144　15・16章クイズ
【1】1.職　2.判　3.退　4.厚　5.格
【2】1.連　2.報　3.談　4.留　5.失　6.退　7.確
【3】1.きゅうじん　2.こうこく　3.てんいん　4.そうだん　5.じきゅう　6.しきゅう　7.しごと　8れんらく
【4】活動　常識　情報　知識　相談　反対　賛成

◆ 17章　会社

● p146　経えい者
①さいだい　②さいたん　③ふくしゃちょう　④ふくしょう　⑤すいどうかん　⑥かんりしょく　⑦くだ　⑧にんきもの　⑨けいえいしゃ　⑩きしゃ
①最も　②最後　③最近　④最高　⑤副作用　⑥保管　⑦若者　⑧作者

● p147　世代
①あらわした　②あらわれた　③じつげん　④きゅうせい　⑤きゅうか　⑥むかしばなし　⑦じかい　⑧ついで　⑨しだい　⑩せきじひょう
①現れた　②現実的な　③現在　④表現　⑤旧友　⑥旧正月　⑦昔　⑧次

● p148　予算
①ついえた　②がくひ　③しょくひ　④かいひ　⑤しょうひしゃ　⑥さんすう　⑦おとも　⑧きょうきゅう　⑨しょうひぜい　⑩ぜいかん
①費やした　②費用　③予算　④計算　⑤供える　⑥てい供　⑦税金　⑧関税

● p149　工場
①きかい　②きかい　③きかん　④はた　⑤あぶない　⑥あやうく　⑦あやぶまれる　⑧きき　⑨きけんせ

い　⑩けわしい
①機械化　②機能　③動機　④危ない　⑤危うい　⑥危険な　⑦険しい　⑧保険
●p150　貿易
①わざ　②じつぎ　③えんぎ　④ぎじゅつ　⑤びじゅつかん　⑥しゅじゅつ　⑦ぼうえき　⑧あきなう　⑨しょうてん　⑩しょうぎょう
①技　②特技　③球技　④技術　⑤芸術　⑥貿易　⑦商品　⑧商社
●p151　復習
①ふくしゃちょう　②にんきもの　③きゅうせい　④あらわれた　⑤きかん　⑥きけんな　⑦ぜいきん　⑧かんりしょく　⑨さいきん　⑩むかし
①商品　②保管　③消費税　④次　⑤お供　⑥貿易　⑦機械化　⑧計算　⑨技術　⑩表現

◆ 18章　単位
●p152　単位1
①たんどく　②かんたん　③ふくすう　④ちょうふく　⑤まったく　⑥すべて　⑦ぜんぶ　⑧ぜんぜん　⑨いご　⑩いか
①簡単な　②単位　③複数　④安全　⑤かん全な　⑥全体　⑦以上　⑧以内
●p153　単位2
①みらい　②みまん　③みちて　④みたした　⑤ふまん　⑥まんぞく　⑦ない　⑧むきゅう　⑨ぶじに　⑩ひじょうしき
①未定　②未成年　③満ちて　④満席　⑤無口　⑥無理な　⑦非難　⑧非常口
●p154　単位3
①いちおく　②さんおくえん　③おくまんちょうじゃ　④きざす　⑤きざし　⑥いっちょうえん
①1億円　②兆し　③前兆　④兆
●p155　復習
①まんぞく　②なんおく　③いない　④たんい　⑤ふくすう
①兆し　②未満　③全然　④無理な　⑤非常口

●p156　17・18章アチーブメントテスト（配点：【1】【2】は各2点、【3】は各4点）
【1】1. ②　2. ③　3. ②　4. ①　5. ①
【2】1. ①　2. ①　3. ①　4. ②　5. ①
【3】①ふくしゃちょう　②きかいこうがく　③技術　④昔　⑤きかい　⑥危ない　⑦かんりしょく　⑧あんぜん　⑨ぜんいん　⑩危険　⑪もっとも　⑫危機　⑬以前　⑭費用　⑮現在　⑯つぎ　⑰億　⑱たんい　⑲満足　⑳いっちょうえん

●p158　17・18章クイズ
【1】1. 未　2. 億　3. 複　4. 管　5. 険
【2】1. 未　みらい　みてい　2. 無　むくち　むりょう　3. 非　ひなん　ひじょう　4. 全　ぜんいん　ぜんりょく　5. 以　いない　いぜん
【3】①もっとも　②さいこうぎじゅつ　③けんせつひ　④ごひゃくおく　⑤いじょう　⑥ひじょうに　⑦きけん　⑧げんば　⑨きかい　⑩かんり　⑪むり　⑫げんざい
【4】副　最　億　兆　機械　技術力　次　管理　全　予算

●p160　11-18章まとめテスト（配点：【1】【2】は各2点、【3】は各4点）
【1】1. ③　2. ①　3. ④　4. ②　5. ④
【2】1. ④　2. ③　3. ①　4. ③　5. ②
【3】①理由　②卒業　③ぼうえき　④仕事　⑤しまぐに　⑥りゅうがく　⑦相談　⑧安全　⑨きこう　⑩おんだん　⑪説明　⑫賛成　⑬しゅるい　⑭覚える　⑮大変　⑯じゅぎょう　⑰さいきん　⑱しつれいな　⑲そんざい　⑳苦労

漢字マスター **N3** 改訂版
Kanji for intermediate level

2021 年 9 月 30 日　第 1 刷発行
2024 年 6 月 30 日　第 6 刷発行

編著者　**アークアカデミー**
　　　　遠藤 由美子　齊藤 千鶴　樋口 絹子　細田 敬子　是永 晴香
　　　　下重 ひとみ　石橋 彩

発行者　前田 俊秀
発行所　株式会社三修社
　　　　〒 150-0001　東京都渋谷区神宮前 2-2-22
　　　　TEL 03-3405-4511　FAX 03-3405-4522
　　　　振替　00190-0-72758
　　　　https://www.sanshusha.co.jp
　　　　編集担当　田中 由紀

編集協力　浅野 未華
デザイン　土屋 みづほ
DTP　　　ファーインク
イラスト　ヨコヤマサオリ・峰村友美
印刷・製本　壮光舎印刷株式会社